岩波ブックレット No.624

年表 昭和史 増補版
1926—2003

中村政則 編

はしがき ——— 2
1926-1945 ——— 3
1945-1959 ——— 23
1960-1972 ——— 39
1973-1989 ——— 53
1989-2003 ——— 71
付録 ——— 87

表紙デザイン = 荒木洋子
写真提供 = 毎日新聞社
（1935・1971・1976・1977 を除く）

はしがき

　1989年1月7日，昭和が終わった．「昭和とは何であったか」を問う声が高まった．それを機会に，私たちは『年表 昭和史』を"岩波ブックレット・シリーズ昭和史"の一冊として刊行した．その約8カ月後，ベルリンの壁が撤去され，冷戦の時代が終わった．こんどは戦後とは何であったかの議論が高まった．とくに戦後50年の1995年をピークに過去の戦争・植民地支配をめぐる論争が活発となった．こうした作業をおこなう上で年表は不可欠である．さいわい『年表 昭和史』は多くの読者に迎えられ，16刷まで版を重ねた．

　あれからすでに15年の歳月が過ぎた．ひとことで15年というが，この間に起こったことを振り返るだけで，時代の変化やスピードの速さは，私たちの想像をこえる．国内的には1990年代のバブル経済の崩壊，高齢・少子化社会，少年犯罪の激増，教育・家庭の崩壊といわれる社会の激変がつづいた．情報化(IT革命)が急速に進んだのも90年代の特徴である(付録図3)．国際的にも，1991年の湾岸戦争に始まり，さらに2000年代に入って9.11同時多発テロ，アフガン戦争，イラク戦争など世界を揺るがす大事件がつづいた．北朝鮮の核開発や拉致問題が，日本人の安全保障観に与えた影響も無視できない．こうした内外の変化のなかで，戦後最大のタブーとされた憲法改正問題が急浮上してきた．小泉構造改革も未完である．いったい私たちは何処から来て，何処へ向かおうとしているのであろうか．

　これらの問題を考える上で，本年表が何らかの手掛かりになればうれしい．タイトルについて一言．企画当初は『昭和・平成年表』とすることも考えたが，平成がまだ終わっていないことに鑑み，『年表 昭和史 増補版―1926-2003』とした．1ページに1年分をおさめるのは困難な作業であったが，政治・経済・国際関係に留意しつつ，主要な出来事は収録したつもりである．

　本年表作成にあたっては，『近代日本総合年表 第4版』(岩波書店，2001)および各紙を利用させていただいた．前回は大門正克氏，御園謙吉氏の協力を仰いだが，今回は社会人生活40年のキャリアを持つ半澤健市氏の協力をえた．記して，謝意を表する．

　　　　2004年5月　　　　　　　　　　　　　　　　　　　　中村政則

1926-1945

昭和元・2年
1926・27

この年——
出生人口，産児制限と不況で大幅に減少（前年にくらべ4万5041人減）／中国への綿製品輸出額，日貨排斥運動により減少／紡績業などで操業短縮さかん

金融恐慌・渡辺銀行休業で押し寄せた預金者

第一次若槻礼次郎内閣

- 12.25 大正天皇没（48歳），摂政裕仁親王皇位継承，昭和と改元
- 1.20 憲政会・政友会・政友本党の3党首会談で解散中止
- 2. 7 大正天皇大葬，大赦令等
- 3. 1 日本農民組合を除名された浅沼稲次郎ら，全日本農民組合を結成
- 3. 3 明治節制定
- 3. 6 日本農民組合総同盟結成
- 3. 7 丹後地震，京都府下死者3589人
- 3.14 片岡直温蔵相，衆議院で東京渡辺銀行破綻と失言（**金融恐慌の発端**）
- 3.15 東京渡辺銀行・あかぢ銀行休業．各地に銀行取付けおこる
- 3.21 日銀，市中銀行に非常貸出実施（3.23までに6億円突破）
- 3.30 震災手形損失補償公債法・震災手形善後処理法公布
- 4. 1 兵役法公布
- 4.12 蔣介石，上海で反共クーデター
- 4.17 枢密院で台湾銀行救済緊急勅令案否決，若槻礼次郎内閣総辞職
- 4.18 台湾銀行休業．銀行取付け広がる

田中義一内閣

- 4.20 田中義一政友会内閣成立
- 4.21 十五銀行休業
- 4.22 3週間の**モラトリアム**を緊急勅令で実施／田中内閣，中国の共産党の活動に日本は無関心でありえずと主張
- 4.29 全国の処女会を統一して大日本連合女子青年団創立
- 5. 9 日銀特別融通及び損失補償法公布
- 5.27 内閣に資源局設置
- 5.28 政府，山東出兵を声明（**第1次山東出兵**）
- 5.30 京都地裁，京都学連事件に有罪判決（治安維持法の初めての適用）

田中義一内閣

- 5.31 労働農民党・日本労農党などが対支非干渉運動全国同盟第1回大会開催
- 6. 1 憲政会・政友本党が合同して**立憲民政党**結成
- 6.27 対中国政策決定のため**東方会議**開催
- 7. 7 田中兼任外相，対支政策綱領発表
- 7.15 コミンテルン日本問題特別委員会，「日本問題に関する決議」（**27年テーゼ**）決定
- 7.23 川崎造船所，金融恐慌による経営難で3037人を解雇
- 7.24 芥川龍之介自殺（36歳）
- 8.13 甲子園での第13回全国中等学校野球大会をNHKがはじめてラジオ放送
- 8.14 森恪外務政務次官，大連・旅順で軍関係者らと満州問題を協議（大連会議）
- 8.30 政府，山東派遣軍の撤退を声明／岡谷・山一林組で組合加入などを要求してスト
- 9.16 野田醬油の総同盟組合員，スト突入（216日間に及ぶ戦前最長のスト）
- 10. 2 全国婦人同盟結成
- 10. 3 米モルガン財団代表ラモント来日，満鉄外債について協議
- 11. 3 初の明治節（明治天皇誕生日）
- 11. 5 来日中の蔣介石，田中首相と会談し国民政府援助を要請
- 11.12 山本満鉄社長，張作霖に満蒙5鉄道建設の了解を取付ける
- 11.19 全国水平社の北原泰作2等兵，軍隊内の差別を天皇に直訴
- 12. 6 『労農』創刊（労農派の形成へ）
- 12.30 浅草・上野間に日本初の地下鉄開通

レコード時代の最初のヒット曲, 野口雨情作詞・中山晋平作曲「波浮の港」人気をよぶ／兵庫県で初のトロリーバス／マネキンガール初登場

昭和3年
1928

大きさも規定されなかった普通選挙ポスター

田中義一内閣

- 1.21 衆議院解散
- 1.23 日ソ漁業条約を調印
- 2. 1 共産党中央機関紙『赤旗』創刊
- 2. 2 国民党, 北伐再開を決定
- 2. 7 労働農民党・日本労働党・社会民衆党, 政府の選挙干渉に共同抗議
- 2.14 香川県で労農党候補大山郁夫の選挙運動に大弾圧始まる
- 2.20 第16回総選挙(**初の普通選挙**, 政友217, 民政216, 無産諸派8)
- 3.15 共産党員一斉検挙, 検挙者1568人, 起訴488人に及ぶ(**3.15事件**)
- 3.25 全日本無産者芸術連盟(ナップ)結成
- 4. 3 大西愛治郎ら天理研究会員検挙
- 4.10 日本商工会議所設立／労働農民党・日本労働組合評議会・全日本無産者青年同盟に解散命令
- 4.17 東京帝大で新人会の解散命令. 以後, 京都・九州・東北の各帝大で社研の解散命令
- 4.18 京都帝大教授河上肇が辞職を迫られ, 依願免官となる. ついで4.23 東京帝大大森義太郎, 4.24 九州帝大石浜知行・向坂逸郎らも大学を追われる
- 4.20 政府, 第2次山東出兵を声明
- 4.29 無産各党が共同で内閣打倒国民大会
- 5. 3 日本軍, 山東省済南で国民政府軍と衝突(済南事件)
- 5. 4 関東学生自由擁護同盟, 第1回学生自治協議会開催, 学内闘争を協議('31年頃まで各校で学内闘争激化)
- 5.18 田中内閣, 中国南北両政府に対して, 戦乱が満州に及ぶ場合は治安維持の措置をとると通告
- 5.19 米国, 日本の対中国通告に抗議

田中義一内閣

- 5.27 日本農民組合と全日本農民組合が合同し, 全国農民組合(全農)結成
- 6. 4 関東軍の河本大作ら, 奉天帰還中の張作霖を爆殺(**張作霖爆殺事件**)
- 6. 8 日本海員組合, 初の産業別最低賃金制獲得
- 6.29 **改正治安維持法**, 緊急勅令で公布(死刑・無期刑を追加)
- 6.30 大阪で防空演習実施
- 7. 3 全県の警察部に特別高等課設置
- 7.22 無産大衆党結成
- 7.24 司法省, 思想係検事を設置
- 7.28 第9回アムステルダム=オリンピック開催
- 8. 1 床次竹二郎, 民政党脱党し, のちに新党倶楽部を結成／岩田愛之助ら, 愛国社結成／文部省, 第1回思想問題講習会実施
- 8.27 **パリ不戦**(ケロッグ=ブリアン)**条約**調印(国策手段の戦争放棄)
- 9.15 全国借家人組合総連盟創立大会, 警察の中止命令で混乱解散
- 10. 1 ソ連, 第1次5カ年計画開始
- 10. 6 共産党書記長渡辺政之輔, 台湾キールンで逮捕直前に自殺(30歳)
- 10.30 文部省, 思想問題のための学生課設置. 各大学に学生主事をおく
- 11. 1 ラジオ体操放送開始
- 11.10 天皇, **即位礼**を京都御所で挙行. 東京でも明治神宮に十数万人が参拝
- 12.20 日本大衆党結成
- 12.22 新労働農民党結成. 12.24 解散命令
- 12.25 日本労働組合協議会(全協に所属), 第1回全国会議
- 12.28 政治的自由獲得労農同盟準備会創立宣言

昭和4年
1929

「田中総理の言ふことはちつとも判らぬ．再びきくことは自分は厭だ」（張作霖爆殺事件の責任者処分をめぐる天皇の発言，『西園寺公と政局』第1巻）

世界恐慌・パニックに陥るウォール街

田中義一内閣

- 1.17 政治的自由獲得労農同盟分裂し，労農大衆党結成
- 1.22 日本プロレタリア美術家同盟結成
- 1.30 政府，中国の改定輸入税率を承認
- 3. 5 旧労働農民党代議士山本宣治，右翼に刺殺される（41歳）
- 3.15 横浜船渠工信会，待遇改善要求スト
- 3.28 日華間で済南事件解決に関する文書調印
- 4. 2 救護法公布
- 4.12 資源調査法公布
- 4.15 初の本格的ターミナル＝デパート阪急百貨店，大阪に開店
- 4.16 共産党員の大検挙，党組織壊滅的打撃を受ける（339人起訴，4.16事件）
- 5.19 陸軍中堅将校，一夕会を結成し，満蒙問題の解決を申合せ／婦人市政研究会，東京ガスの値下げを要求し，ガス非買同盟結成を決定
- 6.10 拓務省官制公布
- 6.24 朝鮮疑獄事件おこる
- 6.26 枢密院，留保宣言付で不戦条約可決
- 7. 1 政府，張作霖爆殺事件の責任者（河本大佐）を停職にとどめる／改正工場法施行により，婦人・年少者の深夜業禁止

浜口雄幸内閣

- 7. 2 田中内閣総辞職．浜口雄幸民政党内閣成立（第2次幣原外交，蔵相井上準之助，井上財政始まる）
- 7. 4 昭和製鋼所設立
- 7. 9 浜口内閣，対華外交刷新・軍縮促進・財政整理・金解禁断行などの10大政綱発表
- 7.19 社会政策審議会設置
- 7.29 浜口内閣，当初予算の約5％減の緊縮実行予算を発表
- 8.19 ドイツ飛行船ツェペリン伯号，霞ケ浦飛行場に到着
- 8.— 北海道鉄道・東大阪電軌両会社の疑獄事件，売勲疑獄事件おこる
- 9. 9 『第二無産者新聞』創刊（事実上の共産党機関紙）
- 9.10 中央教化団体連合会設立（教化団体総動員始まる）
- 9.16 労働組合全国同盟結成（総同盟第3次分裂）
- 10.12 犬養毅，政友会総裁に就任
- 10.13 プロレタリア科学研究所創立
- 10.15 政府，全国官吏の1割減俸を声明．判検事・鉄道省官吏らの反対運動おこり，10.22撤回
- 10.24 ニューヨーク株式市場大暴落．**世界恐慌**始まる
- 11. 1 労農党結成大会
- 11. 3 朝鮮全羅南道光州で学生の反日デモ（光州学生運動）
- 11. 7 日本反帝同盟結成
- 11.21 浜口内閣，**金解禁声明発表**／内閣に産業合理化審議会設置
- 11.26 閣議，ロンドン会議全権への訓令を決定（対米7割要求）
- 11.29 5私鉄疑獄事件に関し，文相小橋一太辞職．'30.12.20 有罪判決
- 12. 6 東京交通労働組合，賞与削減・昇給停止反対スト
- 12.10 社会民衆党分裂
- 12.17 中国，小幡酉吉公使へのアグレマン拒否（幣原外交への攻撃つよまる）
- 12.28 朝鮮疑獄事件で前朝鮮総督山梨半造起訴

世界恐慌, 日本に波及(昭和恐慌), 不況状態, '32年頃まで続く／自殺者急増(1万3942人)／国産電気洗濯機・冷蔵庫, 新発売

昭和5年
1930

霧社事件・日本兵の取調べをうけるタイヤル族の人々

浜口雄幸内閣

- 1.11 金輸出解禁実施(金本位制に復帰)
- 1.21 ロンドン海軍軍縮会議開催(日米英仏伊参加)
- 2.11 津久井龍雄・天野辰夫ら, 愛国勤労党結成
- 2.20 第17回総選挙(民政273, 政友174, 国民同志会6, 無産諸派5)
- 2.26 共産党員全国的大検挙(7月までに検挙者1500人のうち461人起訴)
- 3. 1 谷口雅春,〈生長の家〉を開教
- 3.12 日華関税協定仮調印. 中国の関税自主権を条件つきで認める. 5.6 正式調印／ロンドン会議で対米6割9分7厘5毛の最終妥協案成立
- 4. 1 浜口首相, 軍縮問題で米国の妥協案承認の訓令を内示
- 4. 5 温情主義で知られた鐘紡, 不況で4割減給を発表. その後, 大阪淀川・京都・兵庫・隅田に争議ひろがる
- 4.20 東京市電1万3000人, 給与停止・賞与削減に反対してスト
- 4.22 ロンドン海軍軍縮条約に調印
- 4.25 統帥権干犯問題おこる
- 4.26 内務省に失業防止委員会設置
- 5.10 婦人公民権を認める市制・町村制等改正法案, 衆議院で可決(貴族院で審議未了)
- 5.20 共産党シンパ事件で東京帝大助教授山田盛太郎・同平野義太郎・法政大教授三木清ら検挙
- 5.28 キリスト教55団体, 政府に神社参拝強制への考慮を要望
- 5.30 中国の間島で朝鮮人武装蜂起
- 6. 1 全国労働組合同盟(全労)結成
- 6. 2 臨時産業合理局設置
- 6. 3 閣議, '30年度物件費の1割削減決

定. 国産品愛用運動の開始を指示
- 6. 9 関西資本家団体, 労働組合法案反対を決議
- 6.10 軍縮条約調印問題で加藤海軍軍令部長, 帷幄上奏(辞表提出)／全協刷新同盟結成
- 6.12 6大都市商工会議所代表, 労働組合法案反対を政府に陳情
- 7. 2 労農党を除く無産4党, 労働組合法獲得のための共同闘争委員会設置
- 7.20 無産政党の中間3派, 合同して全国大衆党結成
- 8. 9 閣議, 公私経済緊縮運動の実施決定
- 9.26 東洋モスリン亀戸工場で首切り反対のスト突入
- 9. — 陸軍中佐橋本欣五郎ら, 国家改造をめざす桜会結成
- 10. 1 枢密院本会議, ロンドン海軍軍縮条約を可決
- 10.27 台湾霧社で反日の住民武装蜂起(霧社事件)
- 10.30 米・籾輸入関税引上令公布
- 11.14 浜口首相, 東京駅で佐郷屋留雄に狙撃され重傷
- 11.16 富士紡川崎工場の賃下げ反対ストで〈煙突男〉登場(滞空130時間余)
- 11.18 牧口常三郎・戸田城聖, 創価教育学会設立(創価学会の前身)
- 11.26 静岡・伊豆地方大地震, 死者254人
- 12. 5 閣議, 失業対策公債3400万円発行決定(非募債方針くずれる)
- 12.15 東京15新聞社, 政府の疑獄事件関係の言論圧迫に抗議の共同声明
- 12.23 文部省, 家庭教育振興を訓令

昭和6年
1931

恐慌最悪の状態，農村不況深刻化／労働組合組織率，戦前最高(36万8975人，7.9%)／エンパイア＝ステート＝ビル，ニューヨーク市で完成(102階)

柳条湖の満鉄線路爆破現場

浜口雄幸内閣

- 1.12 風間丈吉・岩田義道ら，日本共産党ビューローを再建
- 2. 3 幣原喜重郎首相代理のロンドン海軍軍縮条約をめぐる失言で，議会混乱
- 3. 6 大日本連合婦人会発会式
- 3.17 労働組合法案・労働争議調停法改正案，衆議院可決(貴族院で審議未了)
- 3.— 橋本欣五郎らの桜会将校，大川周明などが軍部クーデター計画，未遂(3月事件)
- 4. 1 重要産業統制法公布
- 4.13 浜口内閣総辞職

第二次若槻内閣

- 4.14 **スペイン第2共和国成立**／第2次若槻礼次郎内閣成立
- 4.21 全国産業団体連合会(全産連)発足
- 4.22 共産党，「政治テーゼ草案」を発表
- 5.18 日本宗教平和会議開催．人種差別撤廃・軍縮などを訴える
- 5.27 俸給令改正公布(約1割減俸，各省職員に反対運動広がる)
- 6.17 朝鮮総督に宇垣一成を任命
- 6.25 日本労働倶楽部結成
- 6.27 中村震太郎大尉，興安嶺で殺される(中村大尉事件)
- 6.28 黒竜会を中心とした右翼団体，大日本生産党結成(総裁内田良平)
- 6.— 陸軍省・参謀本部の中堅課長，「満蒙問題解決方策の大綱」を決定
- 7. 1 文部省内に学生思想問題調査委員会設置
- 7. 2 長春で朝鮮・中国農民衝突(万宝山事件)
- 7. 5 労農・全国大衆・社会民衆合同派の3党合同し，全国労農大衆党結成
- 8. 4 南次郎陸相，軍司令官・師団長会議で満蒙強行策を訓示
- 8.15 全農左派，全農全国会議を結成
- 8.25 英マクドナルド挙国一致内閣成立
- 8.26 浜口雄幸没(62歳)
- 9. 1 清水トンネル開通(9702 m，世界最長)
- 9.18 関東軍参謀ら，柳条湖の満鉄線路を爆破(**満州事変始まる**)
- 9.19 満州事変の第1報，初の臨時ニュースで放送
- 9.21 **英，金本位制離脱**(各国，これに続く)／関東軍，吉林に出動．朝鮮軍司令官林銑十郎，独断で満州に越境
- 9.24 政府，満州事変に関し不拡大方針の第1次声明発表
- 9.28 全国労農大衆党，対中国出兵反対闘争委員会結成／日本商工会議所，在中国権益擁護・排日運動絶滅を声明
- 9.— 英の金本位制離脱により，金輸出再禁止を見越した**財閥のドル買い激化**
- 10.17 橋本欣五郎中佐らの軍部クーデター計画，未然に発覚(10月事件)
- 10.27 愛国学生連盟結成
- 11. 5 全国労農大衆党の松谷与二郎ら，国家社会主義を主張して脱党
- 11.10 日本基督教連盟，満州事変に関する声明発表
- 11.18 政府，満州へ軍隊増派を決定
- 11.22 社会民衆党，満州事変支持を決議
- 11.27 中国，瑞金政府樹立(主席毛沢東)／日本プロレタリア文化連盟結成
- 12.11 若槻内閣総辞職
- 12.13 犬養毅政友会内閣成立．蔵相高橋是清，**金輸出再禁止**決定，管理通貨制に移行，**高橋財政**始まる
- 12.31 ソ連外務人民委員リトビノフ，不侵略条約の締結を打診

「皇軍ノ威武ヲ中外ニ宣揚セリ朕深ク其忠烈ヲ嘉ス」(1月8日の天皇の勅語, 満州事変の先兵となった関東軍を称揚)

昭和7年
1932

白馬にまたがる昭和天皇

犬養毅内閣

- 1. 3 関東軍, 錦州占領
- 1. 7 米国務長官, 日本の満州での行動に対し不承認と声明(スチムソン=ドクトリン)
- 1. 8 朝鮮人李奉昌, 天皇の馬車に爆弾を投げる(桜田門事件)
- 1.17 安岡正篤・酒井忠正ら, 国維会結成
- 1.28 上海で日中両軍交戦開始(第1次上海事変). 5.5 停戦協定調印
- 2. 5 関東軍, ハルビンを占領
- 2. 9 井上準之助前蔵相, 血盟団員に殺される(64歳)
- 2.16 ラジオ聴取契約, 100万突破
- 2.20 第18回総選挙(政友301, 民政146, 無産諸派5)
- 2.― 〈肉弾3勇士〉, 軍国美談とされる
- 3. 1 **満州国**, 建国宣言
- 3. 5 三井合名理事長団琢磨, 血盟団員に射殺される(75歳)
- 3. 9 溥儀, 満州国執政に就任
- 3.11 井上日召自首(血盟団事件)
- 3.12 閣議, 満蒙処理方針要綱を決定(独立政権の誘導方針)
- 3.18 大阪で国防婦人会発足
- 3.20 全協の指導で東京地下鉄スト
- 4.― 長野朗ら, 自治農民協議会結成. のちに農民救済請願署名を展開
- 5.15 海軍青年将校ら, 首相官邸などを襲い, 犬養首相を射殺(**5.15事件**)
- 5.16 犬養内閣総辞職
- 5.20 鈴木喜三郎, 政友会総裁に就任/『日本資本主義発達史講座』の刊行開始(講座派の形成へ)
- 5.26 斎藤実内閣成立
- 5.29 社会民衆党脱党の赤松克麿ら, 日本国家社会党結成

斎藤実内閣

- 6.29 警視庁に特別高等警察部設置
- 7. 1 資本逃避防止法公布
- 7.10 『赤旗』に「日本に於ける情勢と日本共産党の任務に関するテーゼ」(**32年テーゼ**)発表
- 7.22 内務省失業対策委員会設置
- 7.30 第10回ロサンゼルス=オリンピック開催
- 7.31 ドイツ総選挙で**ナチス第1党**になる
- 8.23 国民精神文化研究所設置
- 8.25 内田康哉外相, 衆院で「焦土外交」演説
- 9. 3 東京市電, 1300人整理方針発表. 争議激化
- 9. 5 内務省, 国民自力更生運動を開始
- 9.15 日満議定書調印(満州国承認)
- 9.24 文官分限令改正法・文官分限委員会官制公布
- 10. 1 **リットン報告書**, 日本政府に通達/東京市, 497万人の世界第2位の都市となる
- 10. 5 農林省, 農山漁村経済更生計画助成規則公布
- 10. 6 共産党員, 特高スパイの挑発により銀行強盗(大森ギャング事件)
- 10.23 戸坂潤ら, 唯物論研究会創立
- 10.30 熱海での共産党全国代表者会議直前, 一斉検挙される(熱海事件)
- 11.25 日銀, 赤字公債の引受け開始
- 12.13 大日本国防婦人会結成
- 12.16 東京・日本橋の白木屋で出火(初の高層建築火災)/造船労働連盟など, 国防献金労働協会を結成し, 軍機献納運動を展開
- 12.22 民政党脱党の安達謙蔵ら, 国民同盟を結成

昭和8年
1933

ススメ ススメ ヘイタイ ススメ

コイ

輸出増加続く(綿布輸出,イギリスを抜き世界第1位となる)／低賃金によるソシアル＝ダンピングの非難,国際的におこる／ヨーヨー大流行

第4期国定教科書(小学1年国語)

斎藤実内閣

- 1. 1 日本軍,山海関で中国軍と衝突
- 1. 9 大島三原山に実践女学校専門部生徒投身自殺(以後,自殺の名所となる)
- 1.10 東京商大教授大塚金之助検挙
- 1.12 河上肇検挙
- 1.30 **ヒトラー,ドイツ首相に就任**
- 2. 4 長野県で教員などの一斉検挙始まる．138人検挙(教員赤化事件)
- 2.20 閣議,対日勧告案を国際連盟が可決の場合は連盟脱退を決定／小林多喜二検挙され,築地署で虐殺(31歳)
- 2.23 日満軍,熱河省へ侵攻
- 2.24 国際連盟総会,リットン報告を承認(42対1).日本代表松岡洋右,対日勧告採択に抗議して退場
- 3. 3 三陸地方に大地震・大津波,死者約3000人,流出倒壊約7000戸
- 3. 5 ドイツ最後の総選挙でナチス過半数を制する
- 3. 9 米特別議会を開き,ニューディール諸立法可決
- 3.27 内田外相,**国際連盟脱退**を通告
- 3.29 外国為替管理法・農村負債整理組合法・米穀統制法公布
- 4. 1 満州国,非承認国に門戸封鎖／児童虐待防止法公布
- 4. 5 平野力三ら,在郷軍人と農民との提携をめざして皇道会結成
- 4. 6 日本製鉄株式会社法公布
- 4. 8 産業組合青年連盟全国連合結成
- 4.10 英国,日印通商条約廃棄通告／関東軍,華北へ侵入開始
- 4.22 文部省,京都帝大教授滝川幸辰の『刑法読本』が共産主義的であるとして,辞職要求．5.26 休職発令,法学部長以下抗議して辞表提出(滝川事件)

斎藤実内閣

- 5.16 在郷将校中心に明倫会結成
- 5.17 5.15事件記事解禁
- 5.31 **塘沽停戦協定**成立(長城以南に非武装地帯を設定)
- 6. 7 共産党幹部佐野学・鍋山貞親,獄中で転向声明(以後,転向つづく)
- 6. 8 日本産業労働倶楽部結成(右翼的な日本主義労働運動の戦線統一)
- 6.12 **ロンドン世界経済会議**開催,66カ国で恐慌対策を討議,不成功に終わる
- 6.17 大阪・天六交差点で信号無視の兵士を巡査がとがめ衝突(ゴーストップ事件)
- 6.― 内務省,検閲制度の大改革と出版警察の拡充を行う
- 7. 1 滝川事件にあたり,京都・東京両帝大の学生ら,大学自由擁護連盟結成
- 7.11 大日本生産党員のクーデター事件発覚(神兵隊事件)
- 8. 9 第1回関東防空大演習実施
- 8.25 江口渙・加藤勘十・千田是也ら,極東平和の会結成
- 9.27 軍令部長を軍令部総長と改称
- 10. 3 国防・外交・財政調整のため,5相会議(首・蔵・陸・海・外の5相)開催
- 10.14 **ドイツ,国際連盟脱退**を通告
- 11. 7 農村問題を中心とする閣僚会議(首・内・農・商・拓相で構成)開催
- 11.28 野呂栄太郎,検挙される．'34.2.19獄死(34歳)
- 12. 9 陸軍・海軍両省,最近の軍部批判は軍民離間の行動で黙視できぬと声明
- 12.23 **皇太子明仁誕生**,サイレンで告知

東北地方大凶作，娘の身売り増加／「財閥の転向」，すすむ／住友を先頭に財閥の満州進出始まる／国産パーマネント機械第1号

昭和9年
1934

来日したベーブ＝ルース

斎藤実内閣

1.17 『時事新報』，「番町会問題をあばく」の連載開始(帝人事件の端緒)
1.29 日本製鉄株式会社設立／元警保局長松本学・直木三十五ら，文芸懇話会結成のための初会合
2. 7 貴族院で中島久万吉商相の足利尊氏論追及される．2.9 辞職
2.15 政友会岡本一巳，衆議院で文相鳩山一郎の収賄を追及
3. 1 満州国，帝政実施
3. 3 鳩山文相，綱紀問題で辞任
3. 9 武藤山治，狙撃される．翌日没(68歳)
3.10 石川準十郎ら，大日本国家社会党結成
3.21 函館大火，焼失2万2600戸，死者650人
3.27 三井報恩会設立認可(財閥の転向)
3.28 石油業法公布(精油・輸入業の許可制)
4. 3 全国小学校教員精神作興大会，3万5000人を集めて開催／産業労働倶楽部・総連合など，第1回日本労働祭を挙行(メーデー排撃)
4.11 三菱重工業株式会社設立
4.17 外務省情報部長天羽英二，列国の対中国援助に反対(天羽声明)
4.18 帝国人絹会社株式買受けをめぐる疑獄事件おこる(帝人事件)
4.25 中国，天羽声明に関し，他国の内政干渉を許さずと態度表明
4.29 松谷与二郎ら，勤労日本党結成
5. 2 出版法改正公布
5.14 農林省，長野県御牧ケ原など全国16ヵ所に農民道場設置決定
5.19 帝人事件で大蔵次官黒田英雄召喚

岡田啓介内閣

5.30 東郷平八郎元帥没(88歳)
6. 1 文部省，学生部を拡充，思想局設置
6. 5 東郷元帥，初の国葬
7. 3 帝人事件で斎藤内閣総辞職
7. 8 岡田啓介内閣成立
7.12 日印通商条約及び議定書，ロンドンで正式調印
7.26 近畿防空大演習開始
8.26 全農・北日本農民組合・自治農民協議会など，農民生活擁護連盟結成
9. 5 東京市電の赤字解消をめぐる整理案に反対してスト
9.12 在満機構改革問題をめぐる陸軍・拓務両省の対立から，関東庁全職員総辞職を決議／新協劇団結成
9.21 室戸台風，関西を襲う．死者・行方不明3036人，全壊流失4万戸
10. 1 陸軍省，『国防の本義とその強化の提唱』(**陸軍パンフレット**)を頒布．10.3 政友会，陸軍パンフレットに対して非難声明
10.15 中国紅軍，瑞金を脱出し**大長征**開始
11. 2 米大リーグ選抜野球チーム来日(ベーブ＝ルースほか17人)
11.18 日本労働組合全国評議会(全評)結成(委員長加藤勘十，合法左派の戦線統一)
11.20 村中孝次・磯部浅一ら青年将校，クーデター計画容疑で検挙(士官学校事件，統制派・皇道派対立激化の契機となる)
12. 1 丹那トンネル開通(長さ7804m)
12. 3 閣議，ワシントン条約単独廃棄決定
12.26 対満事務局官制公布(在満機構改革問題収束)／職業野球大日本東京野球倶楽部創立

—— 11

昭和10年
1935

貿易収支，17年ぶりに黒字／綿布輸出高，史上最高(27億平方ヤード)／月賦販売流行／喫茶店，激増／平均寿命，男44.8歳，女46.5歳

片言隻句を捉へて 反逆者とは何事 美濃部博士許ノ憲法を説き貴院で一身上の弁明

機關說を說明 「萬能說は西洋思想」

美濃部達吉，貴族院で天皇機関説攻撃への反駁演説

岡田啓介内閣

1.20 町田忠治，民政党総裁に就任
2. 1 新村猛・中井正一・武谷三男・久野収ら，『世界文化』創刊
2. 6 廃娼同盟，国民純血同盟に改組
2.18 菊地武夫，貴族院で美濃部達吉の**天皇機関説**を攻撃
2.25 美濃部達吉，貴族院で天皇機関説への攻撃に弁明演説を行い反駁
3. 4 首相岡田啓介，議会で天皇機関説反対を言明／袴田里見検挙され，日本共産党中央委員会壊滅
3.23 衆議院，国体明徴決議案可決
3.30 臨時利得税法公布
3.― 保田与重郎・亀井勝一郎ら，『日本浪曼派』創刊
4. 1 青年学校令・青年学校教員養成所令公布(青年訓練所と実業補習学校を統合)
4. 9 美濃部達吉，天皇機関説のため不敬罪で告発され，『逐条憲法精義』などの3著発禁
4.23 帝国在郷軍人会，天皇機関説排撃のパンフレットを頒布
5. 1 第16回メーデー，6200人参加(戦前最後)
5. 8 選挙粛正委員会令公布
5.11 内閣審議会・内閣調査局官制公布
6.10 何応欽，河北省に関する日本の要求を承認(**梅津・何応欽協定**)
6.18 選挙粛正中央連盟発会式
6.27 チャハル省代理主席秦徳純，宋哲元軍の撤退など日本の要求を承認(土肥原・秦徳純協定)
7.11 村中孝次・磯部浅一，『粛軍に関する意見書』を頒布
7.15 日満経済共同委員会設置に関する協定調印

岡田啓介内閣

7.16 真崎甚三郎教育総監罷免(皇道・統制両派の対立激化)
7.25 コミンテルン第7回大会開催，**人民戦線テーゼ採択**
8. 1 中国共産党，抗日救国統一戦線を提唱(**8.1宣言**)
8. 3 政府，天皇機関説はわが国体の本義をあやまるとの**第1次国体明徴**を声明
8.12 陸軍省軍務局長永田鉄山，皇道派の相沢三郎中佐に刺殺される
8.27 帝国在郷軍人会，対時局全国大会で天皇機関説排撃を宣言
9.17 住友金属工業株式会社設立
9.18 美濃部達吉，貴族院議員の辞表提出
9.24 支那駐屯軍司令官多田駿，国民政府より独立する華北政権の樹立声明
10. 3 イタリア，エチオピア侵入開始(エチオピア戦争始まる)
10. 7 広田弘毅外相，蒋作賓中国大使と会談，日華提携の前提3条件(排日停止・満州国黙認・赤化防止)を提議
10.15 政府，天皇機関説は国体にもとるとの**第2次国体明徴**声明
11. 8 大日本映画協会設立(映画の国家統制機関)
11.18 教学刷新評議会設置
11.25 日本軍の指導で冀東防共自治委員会設立(委員長殷汝耕)
11.26 高橋蔵相，閣議で公債漸減の必要性を強調／日本ペンクラブ結成
12. 8 大本教の出口王仁三郎ら，不敬罪・治安維持法違反で逮捕(第2次大本教事件)
12.18 冀察政務委員会成立(委員長宋哲元)

昭和11年
1936

アルマイト製弁当箱全盛／女性マフラー，男児用セーラー服流行／国民歌謡「日本よい国」放送開始／人絹糸生産高，世界第1位になる

2.26事件・原隊に復帰する反乱軍(麻布)

岡田啓介内閣

- 1.13 政府，北支処理要綱(第1次)決定
- 1.15 ロンドン軍縮会議の日本全権，脱退を通告／全日本労働総同盟(全総)，結成大会
- 2.10 岡野(野坂参三)・田中(山本懸蔵)，「日本の共産主義者への手紙」をモスクワで発表
- 2. 5 日本職業野球連盟結成(7チーム)
- 2.18 村中孝次・磯部浅一ら陸軍皇道派の青年将校，クーデターの具体案決定
- 2.20 第19回総選挙(民政205，政友171，昭和会22，社会大衆18，国民同盟15)
- 2.26 皇道派青年将校，1400人余を率いてクーデター決行，斎藤実・高橋是清ら政府要人を殺害し永田町一帯を占拠(**2.26事件**)
- 2.27 東京市に戒厳令
- 2.28 岡田内閣総辞職
- 2.29 戒厳部隊，討伐行動開始．反乱軍帰順

広田弘毅内閣

- 3. 9 広田弘毅内閣成立．蔵相馬場鍈一，公債漸減方針放棄(**馬場財政**)
- 3.13 内務省，大本教に解散命令
- 3.24 内務省，今年のメーデー禁止を通達
- 4.17 閣議，支那駐屯軍増強を決定
- 5. 4 労農無産協議会結成
- 5.18 軍部大臣現役武官制復活
- 5.25 中野正剛ら，東方会を結成
- 5.26 産繭処理統制法公布．続いて5.28 米穀自治管理法，5.29 重要肥料業統制法公布され，農村重要3法なる
- 5.27 商工組合中央金庫法公布
- 5.29 思想犯保護観察法・自動車製造事業法公布
- 6. 4 フランスに第1次人民戦線内閣成立(首相ブルム)

広田弘毅内閣

- 6.15 不穏文書臨時取締法公布
- 7. 1 内閣に情報委員会設置
- 7. 5 東京陸軍軍法会議，2.26事件に判決，17人死刑宣告
- 7.10 平野義太郎・山田盛太郎・小林良正ら講座派学者，一斉検挙(コム＝アカデミー事件)
- 7.17 **スペイン内戦**始まる
- 7.18 戒厳令解除
- 7.22 文部省，大学・専門学校に日本文化講義の実施を通知
- 8. 1 第11回ベルリン＝オリンピック開催
- 8. 7 首・外・陸・海・蔵の5相会議で「国策の基準」を決定
- 8.11 政府，第2次北支処理要綱決定
- 9.10 陸軍省，陸軍工廠労働者の組合加入・団体行動を禁止
- 9.21 陸海両相，行政機構・議会制度改革案を首相に提出
- 9.25 帝国在郷軍人会令公布(軍の公的機関となる)
- 9.28 ひとのみち教団の教祖御木徳一，検挙される
- 10.17 橋本欣五郎，大日本青年党を結成
- 10.20 閣議，電力国家管理要綱を決定
- 10.31 鉄道疑獄で前鉄相内田信也召喚
- 11.14 内蒙軍，関東軍の援助により綏遠に進出．11.18 中国軍に大敗(綏遠事件)
- 11.25 **日独防共協定**，ベルリンで調印
- 12. 5 ソ連で新憲法(スターリン憲法)採択
- 12.12 蔣介石，張学良らに監禁される(**西安事件**)
- 12.31 ワシントン海軍軍縮条約失効
- 12.— 新興仏教青年同盟の妹尾義郎検挙

昭和12年
1937

全国各地で，千人針・慰問袋さかん／「軍国の母」など軍歌ぞくぞく発表／普通乗用車保有台数5万台突破（戦前の最高）

靖国神社社頭の千人針

1.21	政友会浜田国松，衆議院で陸相寺内寿一と「腹切り問答」（政党と軍部の対立激化）
1.23	広田内閣総辞職
1.25	宇垣一成組閣を命じられるも，陸軍の反対で陸相をえられず
2. 2	林銑十郎内閣成立（政友・民政からの入閣なし）
2.11	文化勲章令公布
3.11	労農無産協議会，日本無産党と改称
3.30	臨時租税増徴法・法人資本税法・揮発油税法などの増税新法公布
3.31	林首相，食逃げ解散／母子保護法公布
4. 5	防空法・保健所法公布／正木ひろし，個人雑誌『近きより』創刊
4. 9	朝日新聞社の訪欧機神風号，ロンドン着（国際新記録にわく）
4.30	第20回総選挙（民政179，政友175，社会大衆37，昭和会19，国民同盟11，東方会11）
5.18	城戸幡太郎ら，教育科学研究会結成
5.26	内閣に文教審議会設置
5.31	林内閣総辞職／文部省編纂『国体の本義』発刊
6. 4	第1次近衛文麿内閣成立．賀屋蔵相・吉野商相，財政経済3原則発表
7. 7	盧溝橋で日中両軍衝突（**日中戦争始まる**）．7.11 現地協定成立．しかし政府，華北の治安維持のため派兵決定
7.21	文部省，教学局を設置
7.22	日本基督教連盟，「時局に関する宣言」発表（国策協力を表明）
7.27	内地3個師団に華北派遣命令
8.13	上海で日中両軍戦闘開始（第2次上海事変）
8.14	陸軍軍法会議，2.26事件に関係した北一輝・西田税に死刑宣告
8.24	**国民精神総動員**実施要綱を決定
9. 6	久保田万太郎・岸田国士ら，文学座を結成
9.10	臨時資金調整法・輸出入品等臨時措置法公布
9.23	**第2次国共合作成立**
9.25	内閣情報部設置
9.28	婦人矯風会・日本女医会・婦選獲得同盟など民間婦人13団体，日本婦人団体連盟結成／経済団体連盟設立
10. 1	首・陸・海・外4相間で，支那事変対処要綱決定／朝鮮人に「皇国臣民の誓詞」を配布
10. 6	国際連盟総会，日本の行動は9カ国条約・不戦条約違反の決議を採択
10.12	国民精神総動員中央連盟結成
10.17	全総全国大会，スト絶滅など銃後3大運動を決定
10.25	企画院設置
11. 6	イタリア，日独防共協定に参加
11. 8	中井正一らの『世界文化』グループ検挙
11.20	大本営設置
12. 4	東京帝大教授矢内原忠雄，言論活動を非難されて退職
12.11	イタリア，国際連盟を脱退
12.13	日本軍，**南京占領**．大虐殺事件
12.14	中華民国臨時政府成立
12.15	山川均・加藤勘十ら労農派など400人余を検挙（第1次人民戦線事件）
12.22	日本無産党・日本労働組合全国評議会に結社禁止
12.27	日本産業を満州重工業開発に改組（**日産コンツェルンの満州進出**）

林銑十郎内閣／第一次近衛文麿内閣

竹製スプーン・鮭皮ハンドバッグなど，代用品発売／矢絣の和服や若い女性の自粛髪型ロール巻が流行／映画「オーケストラの少女」，空前の観客数

昭和13年
1938

国家総動員法が公布され，市街地演習を行う名古屋享栄商業の学生

第一次近衛文麿内閣

- 1. 3 新劇女優岡田嘉子，杉本良吉と樺太国境をこえてソ連に亡命
- 1.11 大本営・政府首脳による御前会議，支那事変処理根本方針を決定／厚生省設置
- 1.16 政府，中国に和平交渉打切りを通告．「爾後国民政府を対手にせず」との声明発表（**第1次近衛声明**）
- 2. 1 大内兵衛・有沢広巳・脇村義太郎・美濃部亮吉ら労農派検挙（**第2次人民戦線事件**）
- 2. 6 全農を中心に，大日本農民組合結成（反共・反人民戦線・社大党支持）
- 3. 3 陸軍省軍務課員佐藤賢了中佐，衆議院で国家総動員法案の説明中，「だまれ」とどなって問題化
- 3. 4 改正朝鮮教育令公布（内地同様の教育体系に一本化）
- 3.13 ドイツ，オーストリアを併合
- 3.31 支那事変特別税法・臨時租税措置法改正公布
- 4. 1 **国家総動員法**公布，国民健康保険法・社会事業法公布
- 4. 2 農地調整法公布
- 4. 6 電力管理法・日本発送電株式会社法公布（**電力国家管理**実現）
- 4.19 閣議，国民貯蓄奨励を申合せ
- 4.30 北支那開発株式会社法・中支那振興株式会社法公布
- 5. 4 工場事業場管理令公布（国家総動員法の最初の発動）
- 5. 9 商工省に臨時物資調整局設置
- 5.14 国際連盟理事会，日本の毒ガス使用に関し，非難決議案を採択
- 5.19 日本軍，徐州を占領
- 5.26 近衛内閣改造（外相宇垣一成，蔵相兼商工相池田成彬，文相荒木貞夫）
- 6. 9 文部省通牒（勤労動員はじまる）
- 6.27 大日本陸軍従軍画家協会結成
- 6.29 商工省，綿製品の製造制限に関する件公布／職業紹介所官制公布
- 7. 1 朝鮮のキリスト教長老教会派，神社参拝を承認
- 7.11 張鼓峰で国境紛争おこる（日ソ両軍衝突）
- 7.30 産業報国連盟創立
- 9. 1 商工省，新聞用紙を制限
- 9.11 従軍作家陸軍部隊，漢口へ出発（久米正雄・丹羽文雄・岸田国士・林芙美子ら）
- 9.19 石炭配給統制規則公布
- 9.30 **ミュンヘン協定**調印（ドイツのズデーテン地方併合を承認）／宇垣外相，対支中央機関設置に反対して辞任
- 10. 5 河合栄治郎『ファシズム批判』など発禁
- 10. 6 東京帝大助教授有沢広巳休職．'38年中に同助教授脇村義太郎，同教授大内兵衛も休職
- 10.14 海員組合・海員協会，皇国海員同盟結成
- 10.21 日本軍，広東を占領
- 10.27 仏，人民戦線崩壊／日本軍，武漢3鎮を占領
- 11. 2 農業報国連盟結成
- 11. 3 近衛首相，東亜新秩序建設を声明（**第2次近衛声明**）
- 11. 7 国民精神作興週間始まる
- 11.30 御前会議，日支新関係調整方針決定
- 12.16 興亜院設置
- 12.22 近衛3原則を声明（善隣友好・共同防共・経済提携，**第3次近衛声明**）

昭和14年
1939

国策会社の設立さかん（'43年頃まで）／9.18ストップ令以降，ヤミ取引が横行／金属に代わる木の玩具が出回る／4つ珠そろばんの使用始まる

横綱双葉山の土俵入り

平沼騏一郎内閣

- 1. 4 近衛内閣総辞職
- 1. 5 平沼騏一郎内閣成立
- 1. 6 独外相，3国同盟案を正式に提案
- 1.15 横綱双葉山，69連勝でストップ
- 1.17 閣議，生産力拡充計画要綱を決定
- 1.28 東京帝大総長平賀譲，河合栄治郎・土方成美両教授の休職処分を文相に上申（平賀粛学）
- 2. 9 政府，国民精神総動員強化方策決定
- 2.16 商工省，鉄製不急品の回収開始
- 3. 9 兵役法改正公布（兵役期間延長）
- 3.15 各地の招魂社を護国神社と改称
- 3.30 中央物価委員会，砂糖・清酒・ビール・木炭などの公定価格決定
- 3.31 従業員雇入制限令・賃金統制令・工場就業時間制限令公布
- 4. 5 映画法公布（映画の国家統制強化）
- 4. 8 宗教団体法公布（宗教団体の教化運動強まる）
- 4.12 米穀配給統制法公布
- 4.25 関東軍，満ソ国境紛争処理要綱を決定し，強硬方針を出す
- 4.26 青年学校義務制（満12歳以上19歳以下の男子）
- 4.30 政友会革新派大会で中島知久平総裁に就任．政友会分裂
- 5.12 満蒙国境で満・外蒙古両軍衝突（ノモンハン事件の発端）
- 5.22 天皇，青少年学徒に勅語
- 6. 7 満蒙開拓青少年義勇軍2500人の壮行会挙行
- 6.16 国民精神総動員委員会，生活刷新案を決定（遊興営業の時間短縮，ネオン全廃，中元歳暮の禁止，学生の長髪やパーマネント禁止など）
- 7. 1 東京芝浦電気株式会社設立

平沼騏一郎内閣／阿部信行内閣

- 7. 8 国民徴用令公布
- 7.15 外相有田八郎・英大使クレーギーとの間で天津租界封鎖問題などの協議始まる．8.21 決裂声明
- 7.26 米，日米通商航海条約廃棄を通告
- 8.15 東京市，隣組回覧板10万枚を配布
- 8.23 **独ソ不可侵条約調印**
- 8.24 内務省，家庭防空隣保組織要綱通牒
- 8.25 閣議，3国同盟交渉打切りを決定／厚生省に人口問題研究所設置
- 8.28 平沼内閣，「欧州情勢は複雑怪奇」と声明して総辞職
- 8.30 阿部信行内閣成立
- 9. 1 ドイツ，ポーランドへ進撃開始（**第2次世界大戦**始まる）／初の興亜奉公日（酒不売，ネオン消燈）
- 9. 4 政府，欧州戦争に不介入を声明
- 9.15 ノモンハン事件停戦協定成立
- 10.18 価格等統制令・地代家賃統制令・賃金臨時措置令公布（物価・賃金などを9月18日現在に釘づけ）
- 11. 4 外相野村吉三郎・米大使グルー，日米国交調整につき会談開始
- 11. 6 米穀配給統制応急措置令公布（米穀の強制買上げ制実施）
- 11.25 米穀搗精制限令公布（7分搗以上を禁止）
- 11.29 大日本農民組合・日本農民組合総同盟など，農地制度改革同盟結成
- 12. 6 小作料統制令公布
- 12.22 米大使グルー，日米新通商航海条約の締結を拒否
- 12.25 鹿地亘ら，桂林で日本人民反戦同盟結成大会
- 12.26 朝鮮総督府，朝鮮人の氏名に関する件公布（日本式に**創氏改名**を強制）

「大政翼賛」「八紘一宇」「ぜいたくは敵だ」が，戦意高揚のスローガンとなる／国産初のカラーフィルム発売／「愛国子供カルタ」登場

昭和15年
1940

プラカードを持つモンペ部隊

米内光政内閣

1.14 阿部内閣，軍部の支持を失い総辞職
1.16 米内光政内閣成立
2. 1 青少年雇入制限令公布
2. 2 民政党斎藤隆夫，衆議院で戦争政策を批判し，問題となる
2.12 津田左右吉『神代史の研究』『上代日本の社会及思想』など発禁．3.8 出版法違反で岩波茂雄とともに起訴
3. 7 衆議院，斎藤隆夫の除名可決
3.25 聖戦貫徹議員連盟結成
3.29 改正所得税法・地方税法・地方税分与税法・義務教育費国庫負担法公布
3.31 所得税法施行規則改正公布(分類・総合の2本建てとなり，勤労所得は源泉徴収となる)
4. 8 国民体力法・石炭配給統制法公布
4.24 米・みそ・マッチ・砂糖など10品目の**切符制採用**／陸軍志願兵令公布
5. 1 国民優生法公布
6.10 イタリア，英仏に宣戦布告
6.14 ドイツ軍，パリに無血入城
6.24 近衛文麿，枢密院議長辞任，**新体制**運動推進の決意表明
7. 6 社会大衆党解党／奢侈品等製造販売制限規則公布
7. 8 ㊧など価格表示義務の明確化始まる／日本労働総同盟，解散決定
7.12 英大使，有田八郎外相にビルマルートの3カ月閉鎖を回答
7.16 畑俊六陸相の単独辞職により，米内内閣総辞職／政友会久原派解党
7.22 第2次近衛文麿内閣成立
7.26 閣議，**基本国策要綱**決定(大東亜新秩序・国防国家の建設方針)
7.27 大本営政府連絡会議，「世界情勢の推移に伴う時局処理要綱」決定(武

第二次近衛内閣

力行使を含む**南進政策**決まる)
7.30 政友会中島派解党
8. 1 東京府，食堂・料理屋等で米食使用禁止・販売時間制限等を実施
8.15 民政党解党／大日本農民組合解散
8.23 新協・新築地両劇団解散
9.11 内務省，部落会・町内会・隣保班・市町村常会整備要綱を府県に通達
9.21 婦選獲得同盟解散
9.22 日・仏印軍事細目協定成立
9.23 日本軍，**北部仏印に進駐**
9.27 **日独伊3国同盟調印**
9.30 日本海員組合解散
10. 4 砂糖・マッチ配給統制規則公布
10.12 **大政翼賛会**発会式
10.22 東方会解散．大日本青年党も政治団体から思想団体に改変．既存の政治団体すべて解散
10.24 米穀管理規則公布(町村別割当供出制の実施)
10.31 たばこパットを金鵄に，チェリーを桜に改名発表／東京のダンスホール，この日で閉鎖，各ホール超満員
11. 2 大日本帝国国民服令公布
11. 3 厚生省，10人以上の子をもつ親を「優良多子家庭」として表彰
11.10 紀元2600年祝賀行事，5日間にわたり多彩に行われる
11.13 御前会議，日華基本条約案及び支那事変処理要綱を決定
11.23 **大日本産業報国会創立**
11.24 最後の元老，西園寺公望没(92歳)．12.5 国葬
12.19 出版諸団体解散し，日本出版文化協会設立

昭和16年
1941

東条英機内閣

「朕茲ニ米国及英国ニ対シテ戦ヲ宣ス(中略)国家の総力ヲ挙ケテ征戦ノ目的ヲ達成スルニ遺算ナカラムコトヲ期セヨ」(12月8日，宣戦の詔書)

第二次近衛内閣		第三次近衛内閣	
	1. 1 全国の映画館で，ニュース映画強制上映実施		8. 1 米，対日石油輸出を全面禁止／厚生省の社会局を生活局に，体力局を人口局に改称
	1. 8 東条英機陸相，「戦陣訓」を示達		8.12 ルーズベルト・チャーチル，**大西洋憲章**発表／米価二重価格制を実施し，生産者奨励金交付決定
	1.11 新聞紙等掲載制限令公布		
	1.16 大日本青少年団結成		
	2. 3 大本営政府連絡会議，対独伊ソ交渉案要綱決定(日ソ国交調整)		8.30 重要産業団体令公布
			9. 4 翼賛壮年団結成
	3. 3 国家総動員法改正公布(政府権限の大幅な拡張)		9. 6 御前会議，帝国国策遂行要領を決定(10月下旬を目途に対米英蘭戦の準備完成)
	3. 7 国防保安法・国民労務手帳法公布		
	3.10 改正治安維持法公布(予防拘禁制を追加)		10.15 スパイの嫌疑で尾崎秀実検挙．つづいてゾルゲ検挙(ゾルゲ事件)
	3.11 労働者年金保険法公布		10.16 第3次近衛内閣総辞職／大学・専門学校などの修業年限を臨時短縮
	3.21 大日本壮年団連盟結成		
	4. 1 小学校を国民学校と改称／6大都市で，米穀配給通帳制・外食券制実施(1日2合3勺)	東条英機内閣	10.18 **東条英機内閣**成立
			11. 5 御前会議，対米交渉不成立の場合，12月初旬の武力発動を決意
	4. 2 大政翼賛会改組		11.15 兵役法施行令改正公布(丙種合格も召集)
	4. 8 企画院調査官和田博雄，経済新体制企画院案に関係して検挙(企画院事件)		11.22 国民勤労報国協力令公布(男子14〜40歳，未婚女子14〜25歳に勤労奉仕義務)
	4.13 **日ソ中立条約調印**		11.26 米，ハル＝ノートを提議
	4.16 米国務長官ハル・駐米大使野村吉三郎の間で**日米交渉**，正式に始まる		12. 1 御前会議，**対米英蘭開戦を決定**
			12. 8 日本軍，マレー上陸，真珠湾奇襲(**アジア太平洋戦争**始まる)．野村・来栖両大使，ハル長官に最後通牒
	5.14 予防拘禁所設置		
	6.22 独軍，ソ連に攻撃開始(独ソ戦開始)		
	6.24 日本基督教団創立		12.10 マレー沖海戦，英2戦艦撃沈／東京の新聞通信8社主催，米英撃滅国民大会挙行
	7. 1 全国の隣組，一斉に常会を開く．放送番組を通じ，内務省，司令・指導		
	7. 2 御前会議，「情勢の推移に伴う帝国国策要綱」決定．大本営，関特演(関東軍特種演習)を発動		12.16 物資統制令公布
			12.19 戦時犯罪処罰特例法・言論出版集会結社等臨時取締法公布
	7.16 第2次近衛内閣総辞職		
	7.18 第3次近衛内閣成立		12.25 香港の英軍降伏
	7.25 米，在米日本資産を凍結		12.27 農業生産統制令公布
	7.28 日本軍，**南部仏印進駐**		

鉄鋼生産高，425万6000トンで戦前最高，以後急減／労働者の欠勤・怠業，労務管理による集団暴行，徴用工の逃走など，全国的に顕著となる

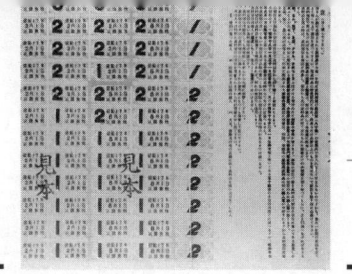

昭和17年
1942

衣料切符の点数シート

東条英機内閣
- 1. 2 日本軍，マニラ占領／毎月8日を大詔奉戴日と決定(興亜奉公日は廃止)
- 1.16 大日本翼賛壮年団結成
- 1.24 文部省に国民錬成所設置(教員のための錬成)
- 2. 1 みそ・醬油・衣料に切符配給制実施
- 2. 2 愛国・国防婦人会などを統合，大日本婦人会発会式
- 2.15 日本軍，シンガポール占領
- 2.21 食糧管理法公布
- 2.23 翼賛政治体制協議会成立／所得税法・法人税法など改正公布(大幅増税)
- 2.24 日本銀行法公布，戦時民事特別法公布(裁判手続き簡易化，債務者保護，調停制度拡張)
- 2.25 国民医療法公布
- 3. 5 東京に初の空襲警報発令
- 3. 8 日本軍，ラングーン占領
- 3. 9 ジャワの蘭印軍降伏
- 3.17 内務省，農地制度改革同盟・立憲養正会の結社不許可
- 4.11 日本軍，バターン半島占領
- 4.18 米陸軍機，本土初空襲(東京・名古屋・神戸など)／金融統制団体令公布
- 4.30 第21回総選挙(**翼賛選挙**，推薦当選381人，非推薦当選85人)
- 5. 7 フィリピン・コレヒドール島の米軍降伏．珊瑚海海戦
- 5.13 企業整備令公布
- 5.15 閣議，大政翼賛会改組決定(各種国民団体を傘下に入れ，町内会・部落会を強化)
- 5.20 翼賛政治会結成(事実上の一党独裁となる)
- 5.26 日本文学報国会創立

東条英機内閣
- 6. 5 **ミッドウェー海戦**(日本，4空母を失い戦局の転機となる)
- 6. 7 ミッドウェー作戦中止，キスカ島占領．6.8 アッツ島占領
- 7.11 大本営，南太平洋進攻作戦の中止決定
- 7.13 厚生省，妊産婦手帳規程実施(母子健康手帳の始まり)
- 7.24 情報局，各地区の主要新聞統合案大綱を決定
- 8. 7 米軍，ガダルカナル島に上陸
- 8. 8 第1次ソロモン海戦
- 8.31 警視庁，不良青少年の一斉検挙開始(少年工の不良化問題に)
- 9.14 細川嘉六の論文掲載の『改造』9月号発禁，筆者検挙／古河工業日光電気精銅所で徴用工ら，待遇改善要求(1500人署名)．指導者検束される
- 9.21 満鉄調査部，伊藤武雄・西雅雄ら44人を検挙
- 10. 1 朝鮮総督府，朝鮮青年特別錬成令を制定
- 11. 1 **大東亜省**設置(拓務省・興亜院などは廃止)
- 11.15 関門海底トンネル開通式
- 11.19 ソ連軍，ドイツ軍に対して**スターリングラードで大反撃**開始
- 11.20 日本文学報国会，「愛国百人一首」選定発表(情報局後援)
- 12. 8 ニューギニア・バサブアの日本軍全滅
- 12.21 御前会議，「大東亜戦争完遂のための対支処理根本方針」を決定
- 12.23 大日本言論報国会総会
- 12.31 大本営，ガダルカナル島撤退を決定

昭和18年
1943

都会近県で買出しの一斉取締り強化／地方銀行の合併さかん／「決戦料理」の名で野草の食用奨励／ベンガル大飢饉，死者350万人

雨中の学徒出陣壮行大会

東条英機内閣

- 1. 9 汪兆銘政権との間で，戦争完遂のための共同宣言，租界還付・治外法権撤廃などに関する日華協定締結
- 1.13 ジャズなど米英楽曲1000種の演奏・レコード禁止
- 1.14 **カサブランカ会談**（枢軸国の無条件降伏の原則決定）
- 1.16 政府，間接税中心の増税案発表
- 1.21 行政官庁職権委譲令公布（統制会への職権委譲）
- 2. 1 日本軍，**ガダルカナル島撤退**開始
- 2.— 英米語の雑誌名禁止され，『サンデー毎日』は『週刊毎日』に，『エコノミスト』は『経済毎日』に改題
- 3. 2 兵役法改正公布（朝鮮に徴兵制施行）
- 3.11 農業団体法公布（産業組合と農会の全国的統合）
- 3.— 谷崎潤一郎「細雪」（『中央公論』）の連載中止
- 4. 8 内務・厚生省，健民運動組織要綱を通牒
- 4.16 緊急物価対策要綱決定
- 4.18 連合艦隊司令長官山本五十六戦死（59歳）．6.5 国葬
- 5.12 米軍，アッツ島上陸．5.29 日本軍守備隊2500人全滅
- 5.18 日本美術報国会創立
- 5.26 中央公論社社員ら4人，細川嘉六と共産党再建の容疑で逮捕（事実無根）
- 5.31 御前会議，「大東亜政略指導要綱」決定（マレー・蘭領インドの日本領編入，ビルマ・フィリピンの独立）
- 6. 1 閣議，戦力増強企業整備要綱決定／東京都制公布
- 6.16 工場就業時間制限令廃止の件公布（女子・年少者の鉱山坑内作業許可）

東条英機内閣

- 6.20 創価教育学会弾圧，牧口常三郎・戸田城聖ら幹部検挙
- 6.25 閣議，学徒戦時動員体制確立要綱を決定
- 8. 1 日本占領下のビルマでバー＝モー政府独立宣言，米英に宣戦布告．日本・ビルマ同盟条約調印
- 9. 8 **イタリア，無条件降伏**
- 9.23 閣議，国内必勝勤労対策決定（販売店員・出改札係・車掌など17職種の男子就業禁止，25歳未満の女子を勤労挺身隊として動員）
- 9.30 御前会議，絶対防衛線をマリアナ・カロリン・西ニューギニアの線に後退決定
- 10. 2 在学徴集延期臨時特例公布（学生・生徒の徴兵猶予停止）
- 10.14 フィリピン共和国独立宣言．日比同盟条約調印
- 10.21 チャンドラ＝ボース，シンガポールで自由インド仮政府樹立／神宮外苑競技場で学徒出陣壮行大会／中野正剛，倒閣容疑で逮捕．10.26 自殺
- 11. 1 軍需省・運輸通信省・農商省各官制公布／兵役法改正公布（国民兵役を45歳まで延長）／教学錬成所設立
- 11. 5 大東亜会議開催．日・満・タイ・フィリピン・ビルマ・汪政権の代表が参加し，11.6に共同宣言発表
- 11.22 ルーズベルト・チャーチル・蔣介石，カイロ会談．11.27 **カイロ宣言**
- 11.25 日本軍，マキン・タラワ両島守備隊5400人全滅
- 12.10 文部省，学童の縁故疎開促進を発表
- 12.21 閣議，都市疎開実施要綱決定
- 12.24 徴兵適齢臨時特例公布（1歳引下げ）

流行語「鬼畜米英」「一億火の玉」／戦況に関する流言，さかん／食料欠乏で，のら犬野性化／硫黄マッチ出現

昭和19年
1944

疎開先のお寺の本堂での授業

東条英機内閣

- 1.7 大本営，インパール作戦認可．3.8 作戦開始
- 1.26 内務省，東京・名古屋に改正防空法による初の疎開命令（指定地区内の建築物強制取壊し）
- 1.29 『中央公論』『改造』の編集者検挙．'45年4～6月にかけて多数の言論知識人検挙される（横浜事件）
- 2.4 文部省，軍事教育強化方針発表
- 2.16 国民学校令等戦時特例公布（就学義務を満12歳までに引下げるなど）
- 2.17 米機動部隊，トラック島空襲
- 2.19 国民職業能力申告令改正公布（国民登録を男子12～60歳，女子12～40歳に拡大）
- 2.21 陸相東条英機が参謀総長を，海相嶋田繁太郎が軍令部総長を兼任
- 2.25 文部省，食糧増産に学徒500万人動員を決定
- 3.7 閣議，学徒勤労動員通年実施を決定
- 4.1 6大都市の国民学校学童に1食7勺の給食開始．9.1 パン食のみに
- 4.28 閣議，米穀増産及供出奨励に関する特別措置を決定（供出報奨制）
- 5.16 文部省，学校工場化実施要綱発表
- 6.6 連合軍，ノルマンジー上陸
- 6.15 米軍，サイパン島に上陸
- 6.17 米穀管理要綱を決定
- 6.19 マリアナ沖海戦（日本海軍，空母・航空機の大半を失う）
- 6.30 閣議，国民学校初等科児童の集団疎開決定
- 7.7 サイパン島守備隊3万人全滅
- 7.10 情報局，中央公論社・改造社に自発的廃業を指示．両社，月末に解散
- 7.17 米内光政ら，東条内閣への入閣拒否

小磯国昭内閣

- 7.18 東条内閣総辞職
- 7.22 小磯国昭内閣成立
- 8.4 閣議，国民総武装決定（竹槍訓練など始まる）／学童集団疎開第1陣，上野を出発
- 8.5 大本営政府連絡会議，最高戦争指導会議と改称
- 8.19 最高戦争指導会議，「世界情勢判断」及び「今後採るべき戦争指導大綱」を決定
- 8.21 ダンバートン＝オークス会議開く．10.9 国際連合案を発表
- 8.22 沖縄からの疎開船対馬丸，米軍の攻撃で沈没，学童700人を含む1500人死亡（対馬丸事件）
- 8.23 学徒勤労令・女子挺身勤労令公布
- 9.16 駐ソ大使佐藤尚武，ソ連外相モロトフに特派使節のモスクワ派遣を提議，拒否される
- 10.10 米機動部隊，沖縄を空襲
- 10.16 陸軍特別志願兵令改正公布（17歳未満の志願を認める）
- 10.18 陸軍省，兵役法施行規則改正公布（17歳以上を兵役に編入）
- 10.20 米軍，レイテ島上陸
- 10.24 レイテ沖海戦（日本，連合艦隊の主力を失う）
- 10.25 神風特攻隊，初めて米艦に突撃
- 11.6 政府，戦争完遂に関し声明
- 11.10 厚生省，女子徴用実施，女子挺身隊の期間1年延長を通牒
- 11.24 マリアナ基地のB29，東京を初爆撃．以後，日本本土への空襲つよまる
- 12.7 東海地方に大地震・津波，死者998人，全壊2万6130戸

———— 21

昭和20年
～1945.8.14

長崎・原爆のキノコ雲

「モウ一度戦果ヲ挙ゲテカラデナイト中々話ハ難シイト思フ」(2月14日,「国体護持」のために和平交渉を勧めた近衛文麿に対する天皇の発言『木戸幸一関係文書』)

小磯国昭内閣

- 1. 9 米軍, ルソン島に上陸. 2.3 マニラ市内に進入
- 1.17 ソ連軍, ワルシャワを解放
- 1.19 イタリア, 対日同盟関係を破棄
- 2. 4 米英ソ, **ヤルタ会談開催**(～2.11 対独戦後処理, ソ連の対日参戦決定)
- 2.13 ソ連軍, ブダペストを解放. 4.4 ハンガリー全土を解放
- 2.14 近衛文麿, 敗戦の必至と共産革命の脅威を単独上奏
- 2.19 **米軍, 硫黄島に上陸**. 3.17 2万3000人の守備隊全滅
- 2.— 戦局悪化し, 敗北的なデマ増加
- 3. 9 B29, **東京大空襲**(～3.10), 江東地区全滅(23万戸消失, 死傷者12万)
- 3.14 B29, 大阪を空襲(13万戸消失). 5.24～5.25 東京都区内の大半消失
- 3.21 小磯首相, 最高戦争指導会議懇談会で繆斌を通じて国民政府との和平交渉を提議. 外相重光葵, 強硬に反対
- 4. 1 **米軍, 沖縄本島に上陸**. 6.23 守備隊全滅
- 4. 5 小磯内閣, 総辞職／ソ連外相モロトフ, 日ソ中立条約不延長を通告

鈴木貫太郎内閣

- 4. 7 鈴木貫太郎内閣成立
- 4.12 米大統領ルーズベルト没(63歳). 副大統領トルーマン昇格
- 4.13 ソ連軍, ウィーンを占領
- 4.22 ソ連戦車隊, ベルリン市街に突入
- 4.23 中共7全大会(～6.11). 4.24 毛沢東,「連合政府論」を報告
- 4.25 米ソ両軍, エルベ河畔のトルゴウで出会う(エルベの誓い)／サンフランシスコ**国際連合**創立総会(～6.26 50ヵ国参加)
- 4.28 ムッソリーニ, 銃殺される(61歳)
- 4.30 ヒトラー, ベルリンの地下壕で自殺(56歳). 後任総統にデーニッツ
- 5. 2 ソ連軍, ベルリンを占領／英軍, ラングーンを占領
- 5. 7 **ドイツ軍**, 連合国に対し**無条件降伏**
- 5. 9 政府, ドイツの降伏にもかかわらず日本の戦争遂行決意は不変と声明
- 5.14 最高戦争指導会議構成員, 対ソ交渉方針を決定(終戦工作始まる)
- 6. 1 米スチムソン委員会, 日本への原爆投下を大統領に勧告
- 6. 8 天皇出席の最高戦争指導会議, 本土決戦準備の「今後採るべき戦争指導の基本大綱」を採択
- 7.10 最高戦争指導会議, ソ連に終戦斡旋依頼のため近衛文麿の派遣を決定. 7.13 ソ連に申入れ. 7.18 ソ連拒否
- 7.16 米国, ニューメキシコで初の原爆実験に成功
- 7.17 米英ソ, ポツダム会談開く
- 7.26 **ポツダム宣言発表**
- 7.28 鈴木首相, ポツダム宣言黙殺・戦争邁進の談話を発表
- 8. 6 **広島に原爆投下**(年末までの死者推定14万人±1万人)
- 8. 8 ソ連, 対日参戦
- 8. 9 **長崎に原爆投下**(年末までの死者推定7万人±1万人)
- 8. 9 御前会議開催. 8.10 午前2時半, 国体護持を条件に, ポツダム宣言受諾を決定. 政府, 中立国を通じて連合国へ申入れ
- 8.12 日本の降伏条件に対する連合国の回答公電着く(天皇制には直接ふれず)
- 8.14 御前会議, **ポツダム宣言受諾**を最終決定. 天皇, 戦争終結の詔書を録音

1945-1959

昭和20年
1945.8.15〜

「朕ハ時運ノ趨ク所堪ヘ難キヲ堪ヘ忍ヒ難キヲ忍ヒ以テ万世ノ為ニ太平ヲ開カムト欲ス」(8月14日,戦争終結の詔書)

昭和天皇,マッカーサー訪問

東久邇宮稔彦内閣

- 8.15 天皇,戦争終結の詔書を放送(**玉音放送**),第2次世界大戦終わる.鈴木貫太郎内閣総辞職
- 8.17 皇族の東久邇宮稔彦内閣成立
- 8.30 連合国軍最高司令官マッカーサー,神奈川県厚木飛行場に到着
- 9.2 米艦ミズーリ号上で**降伏文書に調印**(全権重光葵外相・梅津美治郎参謀総長)/GHQ,軍需生産全面中止指令/ベトナム民主共和国成立宣言
- 9.6 米大統領,「降伏後における米国の初期対日方針」を承認,マッカーサーに指令.9.22 米政府,正式全文を公表
- 9.8 米軍,ジープで東京に進駐
- 9.9 マッカーサー,日本管理方式につき間接統治・自由主義助長などを声明
- 9.27 **天皇,マッカーサーを訪問**
- 9.30 大日本産業報国会解散
- 10.2 GHQ,東京・日比谷の第一生命相互ビルで執務開始
- 10.4 GHQ,日本政府に人権指令(天皇に関する自由討議,政治犯釈放,思想警察全廃,治安維持法など弾圧法規の撤廃)
- 10.5 東久邇宮内閣,人権指令を実行できずと総辞職

幣原喜重郎内閣

- 10.9 幣原喜重郎内閣成立/GHQ,東京5紙に新聞事前検閲を開始
- 10.11 マッカーサー,幣原首相に「5大改革指令」(婦人解放,労働組合の結成奨励,学校教育民主化,秘密審問司法制度の撤廃,経済機構の民主化)
- 10.20 共産党機関紙『赤旗』再刊
- 10.24 国連憲章発効(**国際連合成立**)
- 11.2 日本社会党結成(書記長片山哲)
- 11.6 GHQ,持株会社解体を指令(**財閥解体の端緒**)
- 11.9 日本自由党結成(総裁鳩山一郎)
- 11.13 ポーレー使節団来日.12.7 中間報告発表
- 11.16 日本進歩党結成(幹事長鶴見祐輔,12.18 総裁に町田忠治決定)
- 11.18 GHQ,皇室財産の凍結を指令
- 11.20 ニュールンベルク国際軍事裁判開廷
- 12.2 GHQ,梨本宮守正・平沼騏一郎・広田弘毅ら59人の逮捕を命令
- 12.4 政府,農地調整法改正案を衆院に提出
- 12.6 GHQ,近衛文麿・木戸幸一ら9人の逮捕を命令.12.16 近衛,服毒自殺
- 12.8 松本烝治国務相,憲法改正4原則(天皇の統治権総攬不変など)を発表
- 12.9 GHQ,農地改革に関する覚書発表
- 12.15 GHQ,国家と神道との分離を指令
- 12.16 米英ソ3国モスクワ外相会議(〜12.26),**朝鮮信託統治**,極東委員会・対日理事会設置で合意
- 12.17 衆議院議員選挙法改正公布(大選挙区制・**婦人参政権**など)
- 12.18 日本協同党結成(委員長山本実彦)
- 12.22 労働組合法公布(団結権・団体交渉権など保障)
- 12.27 森戸辰男・鈴木安蔵らの憲法研究会,「憲法草案要綱」を発表
- 12.28 高野岩三郎,「改正憲法私案要綱」発表
- 12.29 農地調整法改正公布(**第1次農地改革始まる**.小作料金納化のみ実現)
- 12.31 GHQ,修身・日本歴史・地理の授業停止,教科書回収を指令

ソ連・満州からの引揚者あいつぐ／発疹チフス，空前の大流行／ラジオで「尋ね人」始まる／平川唯一〈カムカム英語〉がはやる

昭和21年
1946

新憲法公布記念祝賀都民大会

幣原喜重郎内閣

- 1. 1 天皇，神格化否定の詔書（**人間宣言**）
- 1. 4 GHQ，軍国主義者等の公職追放および超国家主義団体27の解散を指令
- 1. 7 エドワーズ日本財閥調査団来日
- 1.10 国連第1回総会，ロンドンで開催
- 1.19 マッカーサー，極東国際軍事裁判所の設置を命令
- 2. 3 マッカーサー，GHQ民政局に憲法草案の作成を指示．2.10 GHQ案完成
- 2. 8 憲法改正要綱（松本試案）をGHQに提出
- 2.13 GHQ，松本試案を拒否，GHQ草案を日本政府に手交．2.22 閣議，GHQ草案の受入れを決定
- 2.17 **金融緊急措置令**（新円を発行，旧円預貯金は封鎖）
- 2.19 天皇，神奈川県を巡幸．2.28 東京都，3.25 群馬県，3.28 埼玉県を巡幸
- 3. 3 物価統制令公布（価格等統制令は廃止，いわゆる〈3.3 物価体系〉）
- 3. 5 チャーチル，〈鉄のカーテン〉演説（冷戦の始まり）
- 3. 6 政府，憲法草案改正要綱を発表（主権在民・天皇象徴・戦争放棄を規定）
- 4. 5 対日理事会（米・ソ・中・英連邦代表で構成），東京で第1回会合
- 4. 7 幣原内閣打倒人民大会，日比谷で開催
- 4.10 戦後初の総選挙（自由141，進歩94，社会93，協同14，共産5，諸派38，無所属81．共産党，議会初進出）
- 4.20 持株会社整理委員会令公布．8.9 同委員会成立（**財閥解体の本格的開始**）

第一次吉田茂内閣

- 4.22 幣原内閣総辞職．以後，1カ月の政治空白期
- 4.30 経済同友会設立（代表幹事諸井貫一）
- 5. 1 第17回メーデー（11年ぶりで復活，宮城前には50万人参集）
- 5. 3 **極東国際軍事裁判開廷**
- 5.16 吉田茂に組閣命令
- 5.19 飯米獲得人民大会（**食糧メーデー**），大会代表が首相官邸に座込み
- 5.20 マッカーサー，「暴民デモ許さず」の声明発表
- 5.22 第1次吉田茂内閣成立
- 6. 2 イタリア，国民投票で王制廃止決定．6.10 共和国宣言
- 6. 6 天皇，千葉県を巡幸．6.17 静岡県，10.21～10.26 愛知県・岐阜県，11.18 茨城県を巡幸
- 6.18 キーナン検事，ワシントンで天皇を戦争犯罪人として訴追せずと言明
- 7.12 中国で，全面内戦始まる
- 8.12 経済安定本部・物価庁設置
- 8.16 経済団体連合会（経団連）創立
- 9.27 労働関係調整法公布
- 10. 1 ニュールンベルク国際軍事裁判，12人に絞首刑の判決．10.15 ゲーリング自殺．10.16 絞首刑執行
- 10. 8 復興金融金庫法公布（'47.1.25 開業，**復金インフレ始まる**）
- 10.21 農地調整法改正・自作農創設特別措置法公布（**第2次農地改革始まる**）
- 11. 3 **日本国憲法公布**
- 12.17 生活権確保・吉田内閣打倒国民大会（〈二・一スト〉へ発展）
- 12.19 フランス軍，ベトナム軍を攻撃（第1次インドシナ戦争）
- 12.27 閣議，傾斜生産方式を決定

25

昭和22年
1947

宮内府御用掛の寺崎英成,「米国が沖縄その他の琉球諸島の軍事占領を継続するよう天皇が希望している」と伝達(9月20日シーボルト覚書)

2.1スト・直前の中止声明をきく伊井共闘議長

第一次吉田茂内閣

1. 1	吉田首相,年頭の辞で労働運動指導者を「不逞の輩」と非難,問題化
1. 4	公職追放令改正,財界・言論界・地方公職に拡大
1.18	全官公庁共闘,〈2.1スト〉宣言／証券民主化に関する法律公布
1.28	吉田内閣打倒・危機突破国民大会,宮城前広場に30万人参加
1.31	マ元帥,2.1スト中止声明を発表
2.25	八高線で買出列車転覆,死者174人
3. 5	内相,警察取締りによる主食供出を訓示(いわゆる強権供出)
3. 8	国民協同党結成(書記長三木武夫)
3.12	米大統領トルーマン,ギリシア・トルコへの軍事援助を発表(トルーマン=ドクトリン)
3.31	財政法公布(赤字国債発行禁止)
3.31	進歩党を母体に民主党結成(5.18総裁芦田均,名誉総裁幣原喜重郎)
3.31	教育基本法・学校教育法各公布
4. 1	町内会・部落会・隣組廃止
4. 5	第1回統一地方選挙
4. 7	労働基準法公布
4.14	独占禁止法公布
4.16	裁判所法公布(最高裁判所,各下級裁判所を設置).8.4 最高裁発足
4.17	地方自治法公布
4.20	第1回参院選(社会47,自由39,民主29,国民協同10,共産4,諸派13,無所属108).無所属議員92人を中心に緑風会結成
4.25	第23回総選挙(社会143,自由131,民主124,国民協同31,共産4)
5. 3	**日本国憲法施行**
5.20	吉田内閣総辞職
6. 1	片山哲内閣成立(社会・民主・国民

片山哲内閣

	協同3党の**社会党首班連立内閣**)
6. 5	米国務長官マーシャル,ヨーロッパ復興計画(マーシャル=プラン)を発表
6.10	GHQ,民間貿易再開を8.15から許可と発表(制限付民間貿易)
7. 1	公正取引委員会発足
7. 3	GHQ,三井物産・三菱商事の解体を指令
7. 7	政府,新物価体系(1800円ベース)発表
8. 9	古橋広之進,400m自由形で世界新
8.14	パキスタン独立
8.15	インド独立
10. 5	欧州共産党情報局(コミンフォルム)設置発表
10.10	キーナン検事,天皇と実業界に戦争責任なしと言明
10.11	山口良忠判事,配給食糧による生活を守り,栄養失調で死亡
10.13	初の皇室会議,3直宮家を除く11宮家51人の皇室離脱を決定
10.21	国家公務員法公布
10.26	改正刑法公布(不敬罪・姦通罪は廃止).11.15 施行
10.30	ジュネーブで関税と貿易に関する一般協定(ガット)調印
12.17	警察法公布(地方分権化・民主化を目的に国家地方警察・自治体警察設置)
12.18	**過度経済力集中排除法**公布
12.20	臨時石炭鉱業管理法公布(いわゆる炭鉱国家管理,3年間の時限立法)
12.22	改正民法公布(家制度廃止)
12.31	内務省解体

諸物価の〈倍々式〉値上げ続く／日本脳炎大流行／サマータイム（時刻を1時間早める）始まる（〜'51年9月）

昭和23年
1948

極東国際軍事裁判で絞首刑の判決を受ける東条元首相

片山哲内閣

- 1. 1 二重橋開放，国民一般参賀（'25年以来禁止）．2日間に13万人
- 1. 6 米陸軍長官ロイヤル，サンフランシスコで日本を反共の防壁にすると演説
- 1. 7 財閥同族支配力排除法公布
- 1.26 帝銀事件発生，行員12人毒殺さる
- 1.30 ガンジー，ニューデリーで極右ヒンズー教徒に暗殺される
- 2.10 片山内閣総辞職
- 2.21 衆議院，芦田均を首相に指名
- 3. 7 新警察制度発足

芦田均内閣

- 3.10 芦田内閣成立（民主・社会・国民協同の3党連立，国務相西尾末広）
- 3.15 民主自由党結成（自由党に民主党幣原派が合流，総裁吉田茂）
- 3.20 ドレーパー賠償調査団来日
- 3.21 第1回NHKのど自慢始まる
- 4. 1 ベルリン封鎖始まる（〜'49.5.12）
- 4.16 西欧16カ国，マーシャル＝プラン受入れのため欧州経済協力機構（OEEC）設立
- 5. 1 海上保安庁設置
- 5. 4 集中排除審査委員会（キャンベル委員長）来日，集排法の適用を緩和
- 5.10 南朝鮮で，単独選挙施行
- 5.18 米陸軍省，ドレーパー調査団報告「ジョンストン報告書」発表
- 6.13 太宰治，入水自殺（40歳）
- 6.19 衆参両院，教育勅語・軍人勅諭・戊申詔書などの失効決議
- 6.23 昭和電工社長日野原節三ら，贈賄容疑で留置（**昭和電工疑獄事件**）
- 6.28 福井県に大地震，死者3769人，全壊3万6000戸，福井市全滅
- 7. 1 宮内府，宮城を皇居と呼び名変更

芦田均内閣

- 7.15 GHQ，新聞の事前検閲を廃止，事後検閲に．'49.10.18 事後も廃止
- 7.20 国民の祝祭日に関する法律公布
- 7.29 第14回ロンドン＝オリンピック開催（戦後初）
- 7.31 マッカーサー書簡にもとづき政令201号公布（国家・地方公務員のスト権など否認）
- 8.15 **大韓民国成立**（初代大統領に李承晩）
- 9. 9 **朝鮮民主主義人民共和国成立**（首相に金日成）
- 9.11 GHQ集中排除審査委員会，集排法実施の4原則を提示（適用の大幅緩和）
- 9.30 昭電疑獄事件で，経済安定本部長官栗栖赳夫を逮捕．10.6 西尾前国務相を逮捕
- 10. 7 芦田内閣総辞職．12.7 芦田前首相逮捕

第二次吉田内閣

- 10.19 第2次吉田茂内閣成立
- 11. 2 民主党トルーマン，米大統領に当選
- 11.12 **極東国際軍事裁判所**，戦犯25被告に**有罪判決**．12.23 東条ら7人の絞首刑執行
- 11.30 国家公務員法改正公布（人事院を設置，争議行為などを禁止）
- 12.10 国連総会，〈世界人権宣言〉採択
- 12.18 GHQ，米国務・陸軍両省共同声明で，マッカーサーへ対日自立復興の9原則実施を指令（**経済安定9原則**）．12.19 マッカーサー，吉田首相に書簡送付
- 12.23 衆議院，内閣不信任案を可決，衆議院解散（なれあい解散）
- 12.24 岸信介・児玉誉士夫・笹川良一らA級戦犯容疑者19人を釈放

27

昭和24年
1949

〈ドッジ=ライン〉実施による不況ふかまる(物価上昇終わる)／労働組合組織率，戦後最高の55.8%

中華人民共和国の成立を宣言する毛沢東

第三次吉田内閣

- 1.15 初の〈成人の日〉
- 1.23 第24回総選挙(民自264，民主69，社会48，共産35，国民協同14)
- 2. 1 ロイヤル米陸軍長官・ドッジ公使来日
- 2.16 第3次吉田内閣成立
- 3. 7 ドッジ公使，内外記者団会見で経済安定9原則実行に関し声明(竹馬経済からの脱却，インフレ収束など強調)
- 4. 4 団体等規正令公布
- 4. 4 北大西洋条約機構(**NATO**)成立
- 4.15 ドッジ公使，'49年度予算案につき声明，超均衡予算の実施，補給金の廃止など健全財政主義の徹底を強調(**ドッジ=ライン**)
- 4.25 **1ドル=360円の単一為替レート**実施
- 5. 7 吉田首相，外国人記者に講和条約締結後も米軍の日本駐留を希望と言明
- 5.10 シャウプ税制使節団来日
- 5.12 米政府，中間賠償打切りをマ元帥に指令
- 5.31 行政機関職員定員法公布(28万5124人の人員整理)．6.1施行
- 6.18 独占禁止法改正公布(制限の緩和)
- 6.18 共産党書記長徳田球一，9月までに吉田内閣打倒と発言(9月革命説)
- 7. 4 国鉄第1次人員整理発表
- 7. 5 国鉄総裁下山定則，行方不明．翌朝，轢死体で発見(**下山事件**)
- 7.12 国鉄第2次人員整理発表
- 7.15 中央線三鷹駅構内で無人電車暴走(**三鷹事件**)
- 8. 3 GHQ，集中排除審査委員会(5人委員会)の任務完了と声明
- 8.17 東北本線金谷川・松川間で列車転覆(**松川事件**)
- 8.26 シャウプ税制使節団，**シャウプ勧告**を談話形式で発表．9.15 シャウプ勧告全文発表(所得税を主体とする直接税中心主義，資本蓄積のための減税措置，地方税制の再編強化，徴税措置の合理化)
- 9. 7 ドイツ連邦共和国(**西ドイツ**)成立
- 9.19 人事院，政治的行為に関する人事院規則を制定(国家公務員法にもとづき，公務員の政治活動を制限)
- 9.21 持株会社整理委員会，旧財閥の商号・商標の使用禁止を指示
- 10. 1 毛沢東主席，北京・天安門広場で**中華人民共和国の成立宣言**
- 10. 1 琉球米軍政長官にシーツ少将就任(沖縄の恒久的軍事基地本格化)
- 10. 7 ドイツ民主共和国(**東ドイツ**)成立
- 10.15 戦後初来日の米野球チームサンフランシスコ=シールズ，後楽園で巨人軍と第1戦
- 10.20 『きけわだつみのこえ』刊
- 11. 1 米国務省，対日講和条約につき検討中と言明(講和論争活発化)
- 11. 3 湯川秀樹にノーベル物理学賞決定
- 11.11 吉田首相，参院で単独講和でも全面講和に導く一つの途であるならば喜んで応ずると答弁
- 11.26 プロ野球2リーグに分立
- 11.27 新聞の夕刊復活
- 12. 1 お年玉つき郵便はがき，初発売
- 12. 4 社会党，全面講和・中立堅持・軍事基地反対の平和3原則を決定

金へん景気・糸へん景気(特需景気)
／平均寿命，女 61.4 歳，男 58.0 歳
／年齢の呼び方が満年齢となる

昭和25年
1950

レッド＝パージ・松竹本社の追放者発表

第三次吉田内閣

- 1. 1 マ元帥，年頭の辞で日本国憲法は自衛権を否定せずと言明
- 1. 6 コミンフォルム，日本共産党指導者野坂参三の平和革命論を批判．以後内部対立激化．
- 1. 7 1000円札発行(聖徳太子像)
- 1.15 **平和問題談話会**「講和問題についての声明」発表(『世界』3月号)，全面講和・中立不可侵・国連加盟・軍事基地反対・経済的自立を主張．12月「三たび平和について」(『世界』)
- 1.19 社会党分裂．左派は鈴木茂三郎書記長，右派は片山哲委員長を選出．4.3 両派再統一
- 1.21 財閥商号使用禁止令・財閥標章使用禁止令公布
- 1.31 ブラッドレー米統合参謀本部議長ら来日．沖縄強化，日本の軍事基地強化を声明
- 2. 9 米上院議員マッカーシー(共和党)，国務省に57人の共産党員がいると演説(**マッカーシー旋風**の始まり)
- 2.10 GHQ，沖縄の恒久的基地建設開始を声明
- 3. 1 自由党発足(民主自由党・民主党連立派の合同，総裁吉田茂)
- 3. 1 池田勇人蔵相，ドッジ＝デフレで「中小企業の一部倒産もやむを得ない」と発言
- 3.15 原子兵器の絶対禁止を求める「**ストックホルム＝アピール**」発表(11月までに5億人が署名)
- 4.28 国民民主党結成(最高委員，苫米地義三ら7人)
- 5. 3 マ元帥，憲法記念日の声明で，共産党の非合法化を示唆／吉田首相，全

第三次吉田内閣

面講和を主張する東大総長南原繁を「曲学阿世の徒」と非難
- 6. 4 第2回参院選挙(自由52，社会36，緑風9，国民民主9，無所属19)
- 6. 6 マッカーサー元帥，共産党中央委員24人全員の追放を指令
- 6.16 国警本部，全国デモ・集会禁止
- 6.25 **朝鮮戦争**始まる
- 6.26 マ元帥，『アカハタ』の30日間発行停止を指令．7.18 無期限停止
- 7. 8 マ元帥，吉田首相宛書簡で，国家警察予備隊の創設，海上保安庁の拡充を指令
- 7.11 日本労働組合総評議会(**総評**)結成
- 7.24 企業のレッド＝パージ始まる
- 8.10 **警察予備隊**令公布
- 9. 1 閣議，公務員のレッド＝パージの基本方針を正式決定
- 9.21 第2次シャウプ税制勧告発表
- 10.17 文部省，祝日に国旗・君が代をすすめる通達
- 10.25 中国人民義勇軍，朝鮮戦争に出動
- 11. 7 天野貞祐文相，修身科復活・国民実践要領の必要を表明
- 11.10 旧軍人初の追放解除3250人
- 11.22 マ元帥，吉田首相宛書簡で9分割による電力再編成促進を指示
- 11.30 トルーマン米大統領，朝鮮戦争で「原爆使用もあり得る」と発言
- 12. 5 沖縄の米軍政府，米民政府と改称
- 12. 7 池田勇人蔵相，「貧乏人は麦を食え」と発言
- 12.13 地方公務員法公布(地方公務員・公立学校教員の政治活動・争議行為を禁止)

——— 29

昭和26年
1951

結核, 初めて死因の2位にさがる(脳溢血が首位に)／赤痢流行, 死者1万4836人／パチンコ, 全国的に流行

対日平和条約調印式で演説する吉田首相

第三次吉田内閣

- 1. 3 NHK, 第1回紅白歌合戦(スタジオ)放送
- 1.21 社会党大会, 再軍備反対を加え, 平和4原則を決議. 委員長に鈴木茂三郎を選出
- 1.24 日教組,「教え子を再び戦場に送るな」の運動を決定
- 1.25 米講和特使ダレス来日, 吉田首相と3次にわたる会談
- 1.29 経団連・日経連・経済同友会など経済8団体, ダレス特使に講和に関する要望書を提出(多数講和・集団安全保障・経済的自立を望む)
- 2.10 社会民主党結成(委員長平野力三)
- 2.23 共産党, 武装闘争方針を提起
- 3.24 国連軍最高司令官マッカーサー, 中国本土攻撃も辞せずと声明
- 3.29 政府, メーデーの皇居前広場使用禁止
- 4.11 トルーマン米大統領, **マ元帥を罷免**(後任, リッジウェイ中将)
- 4.16 マ元帥帰国. 衆参両院, 感謝決議案を可決. 羽田までの沿道に見送りの都民ら約20万人
- 5. 1 リッジウェイ, 占領下諸法令再検討の権限を日本政府へ委譲と声明. 5.14 吉田首相の私的諮問機関として政令諮問委員会を設置
- 5. 1 9電力会社発足(電力再編成完了)
- 5. 1 第22回メーデー, 皇居前広場使用禁止のため, 中央メーデー中止. 芝公園など分散メーデーとなる
- 6. 3 NHK, テレビ(実験放送)で三越の電波展覧会へ初の野球実況中継
- 6.20 政府, 第1次追放解除を発表(石橋湛山・三木武吉ら政財界人2958人)

第三次吉田内閣

- 6.21 日本, ILOとユネスコに加盟
- 7.10 政府, 財閥解体完了と発表
- 7.10 朝鮮休戦会談, 開城で開く(～8.23 戦闘はつづく)
- 8. 6 政府, 第2次追放解除を発表(鳩山一郎ら各界1万3904人)
- 8.16 政府, 旧陸海軍正規将校1万1185人の追放解除を発表
- 8.22 講和会議全権委員6人任命(首席吉田茂)
- 8.30 米・フィリピン相互防衛条約調印
- 9. 1 米・豪・ニュージーランド, 太平洋安全保障条約(アンザス条約)調印
- 9. 4 対日講和会議, サンフランシスコで開く(～9.8 52カ国参加)
- 9. 8 **対日平和条約・日米安全保障条約調印**／政府, GHQの承認を得て旧特高警察関係336人の追放解除を発表
- 10. 4 出入国管理令公布
- 10.16 共産党, 51年綱領を採択(当面の革命の性格を民族解放民主革命と規定. 火炎ビン闘争など始まる)
- 10.24 社会党臨時大会, 講和・安保両条約承認で対立, 左右両派に分裂
- 10.25 朝鮮休戦会談, 板門店で再開(会談中戦闘つづく. 戦局膠着状態)
- 10.26 衆議院, 講和・安保両条約承認
- 11.18 参議院も両条約を承認
- 12.24 吉田首相, ダレス宛書簡で台湾政府との講和を確約. '52.1.16 政府発表
- 12.26 吉田内閣第3次改造(講和後の渉外担当に岡崎勝男国務相)
- 12.30 **マーシャル＝プラン終了**(総額約120億ドルを支出)

1人当り国民所得，ほぼ戦前水準に回復／進駐軍，講和条約発効により駐留軍に／「君の名は」の真知子巻き，はやる

昭和27年
1952

血のメーデー・デモ隊と警官隊の乱闘

第三次吉田内閣

- 1. 4 イギリス軍，スエズ運河を封鎖
- 1.16 復興金融金庫解散，日本開発銀行が継承
- 1.18 韓国政府，李承晩ライン設定
- 1.23 NHK，衆院本会議初の中継放送
- 2. 8 改進党結成(幹事長三木武夫)
- 2.15 第1次日韓会談開始．4.26 中止
- 2.26 英国，原爆保有を公表
- 2.28 日米行政協定調印(米軍への基地提供は日米安保条約に基づくとして，国会承認の手続きをふまず)
- 3. 6 吉田首相，参院予算委で「自衛のための戦力は違憲にあらず」と答弁．3.10 野党の取消し要求で，前言訂正
- 4. 1 琉球中央政府発足(主席比嘉秀平)
- 4. 5 高良とみ，戦後初のモスクワ入り
- 4. 9 日航機もく星号，大島三原山に墜落
- 4.11 ポツダム政令廃止法公布
- 4.12 破壊活動防止法案反対第1波スト．4.18 第2波，6.7 第3波スト
- 4.28 **対日平和条約・日米安全保障条約発効**
- 4.28 日華平和条約調印．8.5 発効
- 4.28 外国人登録法公布
- 4.28 極東委員会・対日理事会・GHQ 廃止
- 5. 1 **血のメーデー事件**．デモ隊，皇居前広場で警官隊と激突／『アカハタ』復刊
- 5. 7 財閥商号使用禁止等の政令廃止
- 6. 9 日印平和条約調印．8.26 発効
- 6.24 吹田市で，朝鮮動乱2周年記念集会のデモ隊，警官隊と衝突(吹田事件)
- 7. 7 名古屋市でデモ隊，警官隊と衝突(大須事件)

第三次吉田内閣

- 7.19 第15回ヘルシンキ＝オリンピック開催
- 7.21 **破壊活動防止法・公安調査庁設置法**公布
- 7.23 エジプトで，自由将校団のクーデター(指導者ナセル)おこる
- 7.31 保安庁法公布(8.1 保安庁発足，警察予備隊を**保安隊**に改組)．10.15 保安隊発足
- 8. 1 法務省・自治庁・電電公社発足
- 8.13 日本，IMF(国際通貨基金)・世界銀行に**加盟**
- 8.28 吉田首相，衆院抜打ち解散
- 10. 1 第25回総選挙(自由240，改進85，右社57，左社54，労農4．共産全員落選)
- 10. 3 英国，初の原爆実験
- 10.13 炭労スト始まる
- 10.24 自由党鳩山派の安藤正純・三木武吉ら，民主化同盟結成

第四次吉田内閣

- 10.30 第4次吉田内閣成立(官房長官緒方竹虎，法相犬養健)
- 11. 4 米大統領選で，アイゼンハワー将軍(共和党)当選
- 11.10 皇太子明仁，成人式・立太子礼
- 11.12 日米船舶貸借協定調印(海上警備のためのフリーゲート艦借入れ)
- 11.27 池田勇人通産相，衆院で「中小企業の倒産・自殺もやむを得ない」と失言．11.28 衆院，不信任案可決．11.29 池田辞任
- 12. 1 日本長期信用銀行設立
- 12. 2 閣議，石川県内灘の米軍演習場としての使用を決定
- 12.12 ウィーンで諸国民平和大会開く(〜12.19 85ヵ国，1880人参加)

昭和28年
1953

東京・青山に初のスーパー＝マーケット開店／街頭・店頭テレビに人気殺到／東京都内に赤電話登場

街頭テレビに見入る人々

第四次吉田内閣

- 1.14 ユーゴ，チトーを初代大統領に選出
- 1.20 アイゼンハワー，米大統領に就任
- 2. 1 NHK，東京地区でテレビの本放送開始（1日約4時間，契約数866）
- 2.28 吉田首相，衆院予算委で右派社会党西村栄一に「バカヤロー」と暴言
- 3. 2 衆院，吉田首相懲罰動議を可決
- 3. 5 **ソ連首相スターリン没(74歳)．3.6 マレンコフ，首相兼第1書記に**
- 3.14 衆院，野党3派提出の吉田内閣不信任案可決，解散（バカヤロー解散）
- 3.18 分党派自由党結成（総裁鳩山一郎）
- 3.23 日赤など3団体，中国からの引揚再開．興安丸・高砂丸，3968人を乗せ舞鶴入港
- 4. 2 日米友好通商航海条約調印．10.30発効
- 4. 3 沖縄の米民政府，土地収用令公布（米軍による軍用地強制収用，続発）
- 4. 8 最高裁，公務員のスト権否認は違憲ではないと判決
- 4.15 第2次日韓会談開始．7.23 請求権・漁業問題で対立のまま自然休会
- 4.19 第26回総選挙（自由199，改進76，左社72，右社66，分党派自由35，労農5，共産1．左社躍進し，右社を抜く）
- 4.24 第3回参院選挙（自由46，左社18，緑風16，右社10，改進8，諸派1，無所属29）

第五次吉田内閣

- 5.21 第5次吉田内閣成立．
- 6. 2 閣議，石川県内灘演習場の無期限使用を決定．6.13 反対派，警官隊と衝突．6.15 米軍，試射開始
- 6.26 政府，対日MSA援助に関する日米交換公文を発表．7.15 交渉開始

- 7.16 伊東絹子，米国でミスユニバース3位入選（〈八頭身〉流行語となる）
- 7.27 **朝鮮休戦協定調印**
- 8. 1 恩給法改正公布（軍人恩給復活）
- 8. 7 スト規制法公布（電気・石炭産業の争議を制限）
- 8. 8 米韓相互安全保障条約調印
- 8.12 ソ連，水爆実験に成功．8.20 公表
- 8.19 イランで軍事クーデター，モサディク政府崩壊．
- 8.28 日本テレビ，民間初の本放送開始
- 9. 1 **独占禁止法改正公布**（競争相手の株式取得・役員兼任の禁止規定緩和，不況・合理化カルテルの容認など）
- 9.12 ソ連共産党第1書記にフルシチョフを選出
- 9.29 日米行政協定改定調印（米軍人・軍属の公務外の犯罪を日本側裁判権に切換え）
- 10. 2 池田・ロバートソン会談開始．10.30 自衛力漸増などの共同声明発表
- 10. 6 第3次日韓会談開始（日本代表の「日本の朝鮮統治は朝鮮人に恩恵を与えた」などの発言で，会談決裂）
- 10.14 共産党書記長徳田球一，北京で客死（59歳）．'55.8.1 発表
- 11.19 来日中の米副大統領ニクソン，日米協会で「憲法第9条は米の誤りであった」と演説
- 11.29 分党派自由党解体．鳩山一郎ら23人，自由党に復党．三木武吉ら残留派8人，日本自由党を結成
- 12.23 吉田・ロバートソン会談
- 12.24 奄美群島返還の日米協定調印
- 12.31 NHK，紅白歌合戦を日劇で初の公開放送（以後，大晦日人気番組）

電気洗濯機・冷蔵庫・掃除機が〈三種の神器〉とよばれる／銭貨流通停止（円貨のみ使用）

昭和29年
1954

〈三種の神器〉電気洗濯機

第五次吉田内閣

- 1. 2 皇居参賀者38万人．二重橋で大混乱のため死者16人，重軽傷者69人
- 1. 7 アイゼンハワー米大統領，一般教書で沖縄基地の無期限保持を宣言
- 1.15 憲法擁護国民連合結成（議長片山哲）
- 2.22 政府，政治的中立に関する教育2法案を国会に提出．6.3 各公布
- 2.23 衆院，自由党有田二郎議員逮捕を許諾（造船疑獄）
- 3. 1 **第五福竜丸**，ビキニの水爆実験により被災．3.14 静岡県焼津に帰港
- 3. 8 日米相互防衛援助協定（**MSA**）調印
- 3.12 自由党憲法調査会発足（会長岸信介）11.5 日本国憲法改正案要綱を発表
- 3.13 ホー＝チミン軍，ベトナム北西部のディエンビエンフー攻撃を開始．5.7 占領
- 3.17 沖縄の米民政府，地代の一括払いで軍用地の永代借地権を設定する構想を発表
- 4.18 エジプト，ナセル政権成立
- 4.20 第1回全日本自動車ショー開催（'64年，東京モーターショーと改称）
- 4.21 犬養健法相，指揮権発動し，検察庁の佐藤栄作自由党幹事長逮捕許諾請求を阻止（**造船疑獄事件**）．4.22 法相辞任
- 5.15 地方交付税法公布
- 6. 4 近江絹糸労組，〈人権スト〉突入．9.16 組合側勝利
- 6. 8 警察法改正公布（国家地方警察と自治体警察を都道府県警察に一元化，中央集権化を強める）
- 6. 9 **防衛庁設置法・自衛隊法公布**（7.1 陸海空軍の**自衛隊発足**）／MSA協定等に伴う秘密保護法公布

第五次吉田内閣

- 6.27 ソ連，初の工業用原発始動
- 6.28 周恩来・ネルー，**平和5原則**発表
- 7.21 ジュネーブ会議終了，インドシナ休戦協定調印（仏軍撤退，ベトナムの独立・統一のための2年以内の総選挙施行を決める）
- 8. 8 原水爆禁止署名運動全国協議会結成，事務局長安井郁（5.9 結成の杉並協議会がその発端）
- 9. 6 東南アジア条約機構（**SEATO**）創設
- 9.19 鳩山一郎・重光葵ら6者会談，反吉田新党結成で意見一致
- 9.20 中華人民共和国憲法を採択（主席毛沢東，首相周恩来）
- 9.23 第五福竜丸の久保山愛吉没（40歳）
- 9.26 吉田首相，欧米7カ国歴訪に出発．11.17 帰国
- 9.26 台風15号で青函連絡船洞爺丸遭難，死者・行方不明者1698人
- 10.20 経済同友会，保守合同を要望
- 10.28 日中・日ソ国交回復国民会議結成
- 10.30 中国紅十字会代表団来日
- 11. 1 アルジェリア独立戦争始まる
- 11. 5 ビルマとの平和条約，賠償及び経済協力協定，各調印
- 11. 8 自由党，岸信介・石橋湛山を除名
- 11.20 両派社会党，「両社共同政権の新政策大綱」を発表
- 11.24 日本民主党結成（総裁鳩山一郎）
- 11.24 最高裁大法廷，新潟県公安条例を合憲と判決（公安条例に対する最初の最高裁判決）
- 12. 2 米タイ総合防衛条約調印
- 12. 7 吉田内閣総辞職．12.8 自由党新総裁に緒方竹虎を決定
- 12.10 第1次鳩山一郎内閣成立

33

昭和30年
1955

〈神武景気〉始まる(～'57年上期)／保守合同・社会党統一で〈55年体制〉始まる／〈家庭電化時代〉到来

自由民主党結成大会

第一次鳩山一郎内閣

- 1. 1 共産党,『アカハタ』に極左冒険主義の自己批判を発表
- 1. 1 米国, 南ベトナム・カンボジア・ラオスへの直接援助を開始
- 1. 7 トヨタ自動車, トヨペットクラウンを発表(乗用車製造技術, 国際水準に近づく)
- 1.10 鳩山首相, 中ソとの国交回復, 憲法改正に積極的意思を表明
- 1.28 炭労・私鉄・電産など民間6単産, 春季賃上げ共闘会議総決起大会開催(春闘の端緒)
- 2.14 日本生産性本部設立
- 2.19 日本ジャーナリスト会議創立
- 2.27 第27回総選挙(民主185, 自由112, 左社89, 右社67, 労農4, 共産2. 革新派, 改憲阻止に必要な1/3議席を確保)

第二次鳩山内閣

- 3.14 防衛庁, 防衛6カ年計画案を決定
- 3.19 第2次鳩山内閣成立(少数党内閣)
- 3.23 経済同友会全国委員会, 保守2党の緊密な連携を要望
- 3.31 公正取引委員会, 銅くず購入合理化カルテルを認可(初の独禁法適用)
- 4.12 民主党総務会長三木武吉, 保守合同のためには鳩山首班に固執せずと記者団に語る. 5.6 経団連総会, 保守統一を要請する決議. 5.23 自由・民主両党の幹事長・総務会長の4者会談, 保守合同につき協議
- 4.18 アジア・アフリカ会議開く(～4.24 29カ国参加, バンドン10原則を採択)
- 4.23 第3回統一地方選挙(創価学会進出)
- 5. 6 西独, NATOに加盟
- 5.14 ソ連・東欧8カ国, ワルシャワ条約調印

第二次鳩山内閣

- 6. 1 ロンドンで日ソ交渉始まる
- 6. 7 第1回日本母親大会開催
- 7. 8 日本住宅公団法公布
- 7. 9 ラッセル・アインシュタイン宣言(原水爆戦争の危険を各国首相に警告)
- 7.11 民主・自由・緑風の保守3派議員有志, 自主憲法期成議員同盟結成(会長広瀬久忠)
- 7.18 ジュネーブで, 米英仏ソ4国巨頭会談開く(～7.23 緊張緩和の空気高まる)
- 7.20 経済審議庁設置法改正公布(経済企画庁に改組)
- 7.25 過度経済力集中排除法等廃止法公布
- 7.26 総評第6回大会開催(高野実に代わり岩井章が事務局長となる. 太田・岩井ライン)
- 7.27 **共産党, 6全協**(党内分裂収拾)
- 8. 6 第1回原水爆禁止世界大会
- 8.13 民主党, パンフレット『うれうべき教科書の問題』配布
- 9.10 日本, **ガットに加盟**
- 9.13 立川飛行場拡張のため強制測量実施, 反対派と警官隊衝突(砂川基地反対闘争)
- 10.13 **社会党統一**大会, 委員長に鈴木茂三郎, 書記長に浅沼稲次郎を選出
- 11.14 日米原子力協定調印
- 11.15 **自由民主党結成**(保守合同なる). 総裁決定まで代行委員制(鳩山一郎・緒方竹虎・三木武吉・大野伴睦)
- 11.22 第3次鳩山内閣成立
- 12.19 原子力基本法公布

熊本県水俣湾の魚貝類常食者に奇病多発，工場廃水との関係問題化／テレビの普及に対し「1億総白痴化」といわれる

昭和31年
1956

国連国際法委員会選挙で国連加盟国として初投票

第三次鳩山内閣

- 1.31 鳩山首相，参院本会議で，軍備を持たない現行憲法には反対と答弁．2.2 取消し
- 2. 9 衆院，原水爆実験禁止要望決議案を可決．2.10 参院も可決
- 2.14 ソ連共産党第20回大会，「平和共存」などの路線を採択．2.24 フルシチョフ，**スターリン批判演説**
- 3.19 日本住宅公団，初の入居者募集開始．5.1 千葉県稲毛団地で入居開始
- 4. 5 自民党大会，鳩山一郎を初代総裁に選出
- 4.17 コミンフォルム解散
- 4.19 衆院，新教育委員会法案をめぐり混乱（～4.20 暁の国会で可決）
- 4.29 河野一郎農相ら，モスクワで漁業交渉開始．5.14 日ソ漁業条約調印
- 4.30 衆院，小選挙区法案をめぐり大混乱．5.16 衆院，修正可決（審議未了，廃案）
- 5. 2 毛沢東，「百花斉放，百家争鳴」提起
- 5. 9 フィリピンと賠償協定調印
- 6. 1 参院，新教育委員会法案をめぐり大混乱．6.2 警官隊を国会に導入，同法成立．6.30 公布
- 6. 9 米民政府，沖縄米軍基地に関するプライス勧告発表．6.25 島ぐるみの反対運動高まる
- 6.13 英軍，スエズ運河から撤退（1882年以来の英国の支配終わる）
- 6.23 国民投票により，エジプト共和国憲法採択（初代大統領ナセル）
- 6.28 ポーランドのポズナニで反政府暴動
- 7. 8 第4回参院選挙（自民61，社会49，緑風5，共産2．革新派1/3を確保）
- 7.17 経済白書，「もはや戦後ではない」

第三次鳩山内閣

と規定
- 7.26 ナセル，スエズ運河国有化宣言
- 7.31 重光外相，モスクワで日ソ交渉再開．8.12 外相，ソ連側の歯舞・色丹2島返還案を受諾の他なしと請訓．8.13 政府，国後・択捉を含む4島一括返還を求めてソ連案を拒否，交渉中止
- 9. 6 財界首脳，自民党に鳩山引退と庶政一新を申入れ
- 9.11 鳩山首相，日ソ交渉再開の5条件を提案．9.15 ブルガーニン首相同意．10.7 鳩山首相・河野農相ら，東京出発．10.15 正式交渉開始
- 10.10 文部省，検定強化のため教科書調査官を設置
- 10.12 砂川町第2次強制測量，反対派と警官隊衝突．10.14 政府，測量中止を決定
- 10.19 日ソ国交回復に関する共同宣言調印．鳩山首相，日ソ国交回復を花道に引退表明．12.12 批准書交換
- 10.23 ブダペストで学生・労働者の反政府暴動おこる（**ハンガリー事件**）．10.24 ソ連軍，鎮圧に出動
- 10.29 イスラエル軍，エジプトに侵入（**スエズ戦争勃発**）．10.30 英仏軍，スエズ運河に進撃．12.22 国連緊急総会決議に基づき，英仏軍撤退
- 11.19 東海道本線の全線電化完成
- 12.14 自民党大会，石橋湛山を総裁に選出
- 12.18 国連総会，**日本の国連加盟**を可決
- 12.20 鳩山内閣総辞職
- 12.23 石橋湛山内閣成立
- 12.25 沖縄那覇市長選，人民党書記長瀬長亀次郎当選

―― 35

昭和32年
1957

〈なべ底不況〉('57年下期～'58年下期）／東京都の人口，851万人で世界第1位／「ストレス」，流行語になる／NHK, FM放送開始

東南アジア訪問でインド・ネール首相と握手する岸首相

石橋湛山内閣｜第一次岸信介内閣

1. 5 アイゼンハワー＝ドクトリン（新中東教書）発表
1. 9 英首相イーデン，スエズ戦争の責任をとり辞任（後任マクラミン）
2.23 石橋首相，病気のため内閣総辞職
2.25 岸信介内閣成立，全閣僚留任．3.21 自民党大会，岸総裁を選出
3.25 欧州経済共同市場(EEC)条約調印
4.12 西独の物理学者18人，ゲッチンゲン宣言発表
4.26 政府，参院内閣委員会で，攻撃的核兵器保有は違憲との見解発表
5.20 岸首相，東南アジア6ヵ国訪問に出発（～6.4 首相による戦後初のアジア諸国訪問）．6.3 蔣介石と会談，国府の大陸反攻に同感と言明
6. 5 米大統領行政命令で，沖縄の米民政府長官を高等弁務官（現役軍人）とする．7.1付で初代高等弁務官にムーア中将就任
6.14 国防会議，第1次防衛力整備3ヵ年計画を決定．同日閣議了承
6.16 岸首相，訪米に出発．6.21 日米新時代強調の共同声明を発表
6.27 立川基地拡張のため，砂川町で強制測量．7.8にも強制測量．反対派と警官隊衝突，一部学生ら基地内に入る．9.22 23人検挙
7. 6 カナダで，**パグウォッシュ会議**開く（～7.10）．7.11 核兵器の脅威と科学者の社会的責任に関する声明発表
7.10 岸内閣全面改造，外相に藤山愛一郎，郵政相に田中角栄初入閣
8. 1 米国防総省，在日米地上軍の撤退を発表．'58.2.8 完了
8.13 憲法調査会第1回会合（会長高柳賢三，社会党不参加）

第一次岸信介内閣

8.26 ソ連，大陸間弾道弾(ICBM)実験の成功を発表．12.17 米も成功
8.31 マラヤ連邦完全独立
9. 9 米，公民権法成立
9.10 文部省，教員勤務評定制度の趣旨徹底について通達
9.14 藤山外相，米大使と安保条約の運用は国連憲章に則るとの公文を交換
9.23 日本，国連に核実験停止決議案提出
9.28 外務省，外交青書を初めて発表
10. 1 日本，国連総会で安保理事会非常任理事国に当選
10. 4 インド首相ネルー来日
10. 4 ソ連，人工衛星**スプートニク1号**打上げに成功．'58.1.31 米国，人工衛星エクスプローラ1号打上げに成功
11.18 岸首相，東南アジア9ヵ国訪問に出発（経済協力・賠償問題などを協議）．12.8 帰国
11.18 毛沢東，モスクワで「東風は西風を圧す」「アメリカ帝国主義は張り子の虎」と演説
11.24 沖縄高等弁務官ムーア，地方自治・選挙関係法を布令により改正（首長不信任の条件緩和など）．11.25 那覇市議会，市長不信任案を可決，瀬長市長罷免
12. 6 日ソ通商条約調印
12.20 全国都道府県教育委員長協議会，勤評試案を決定
12.22 日教組，勤評反対闘争のため「非常事態宣言」を発表
12.26 カイロで第1回アジア・アフリカ人民連帯会議開く（45ヵ国参加）

ミッチー(美智子妃)ブーム／「スバル360」登場，マイカー時代の幕開け／1万円札発行／インスタント＝ラーメン登場

昭和33年
1958

警職法改悪反対闘争

第一次岸信介内閣

- 1.12 那覇市長選，民主主義擁護連絡協議会の兼次佐一当選
- 1.20 インドネシアと平和条約・賠償協定調印(12年間に2億2308万ドル)
- 2. 1 エジプト，シリアを合併して，アラブ連合共和国成立
- 2. 4 インドと通商協定・円借款協定調印(初の円借款供与)
- 3. 5 第4次日中民間貿易協定調印．3.14 国民(台湾)政府抗議
- 3.27 ソ連首相ブルガーニン辞任，フルシチョフ党第1書記が首相を兼任
- 3.28 岸首相，衆院で在日米軍基地への攻撃は日本への侵略と答弁
- 4.15 第4次日韓全面会談開始(第3次会談決裂以来4年ぶり)
- 4.18 衆院，原水爆禁止を決議．4.21 参院でも決議
- 4.25 衆院解散(話合い解散)
- 5. 2 長崎の切手展で一青年が中国国旗を引きおろす．5.9 中国抗議
- 5. 5 中国，大躍進路線を決定
- 5. 6 東京地裁，蒲田事件につき，都公安条例を違憲と判決
- 5.12 レバノン内乱始まる．7.15 米海兵隊，レバノン上陸．7.17 英降下部隊，ヨルダン進駐．8.21 国連緊急総会，米英軍撤退を決議
- 5.13 閣議，日中問題静観を確認
- 5.16 テレビ受信契約数，100万突破
- 5.22 第28回衆院選挙(自民287，社会166)．社会党，議席・得票率(32.9％)ともに戦後の最高水準
- 6. 1 仏ドゴール内閣成立
- 6. 8 大内兵衛ら，憲法問題研究会を設立
- 6.12 第2次岸信介内閣成立

第二次岸内閣

- 6.16 原子力一般協定を米・英と各調印
- 6.30 仙台高裁，平事件の原判決を破棄，騒乱罪を認めて有罪判決
- 8. 5 三井物産，第一物産と合併調印
- 8.23 沖縄の通貨，軍票からドルに切替え．9.16 実施
- 8.29 中共中央政治局，農村の人民公社化に関する決議(人民公社建設運動全国化)
- 9.11 藤山・ダレス会談，安保条約改定に合意．10.4 東京で交渉開始
- 9.19 アルジェリア臨時政府成立
- 10. 5 〈ドゴール憲法〉公布．仏第5共和制発足
- 10. 8 政府，警察官職務執行法(警職法)改正案を国会に提出
- 10.13 社会党・総評を中心に65団体，警職法改悪反対国民会議を結成
- 10.28 日教組勤評闘争，群馬・高知で10割休暇．12.4 高知10割休暇
- 11. 1 東京・神戸間，特急こだま号運転開始
- 11. 4 政府・自民党，衆院本会議で，抜打ちに会期30日延長を強行
- 11. 5 **警職法改悪反対闘争**，国会抜打ち会期延長で激化．総評・全労・中立系労組・文化人・学生・婦人等，統一闘争
- 11.13 藤山外相，安保改定交渉は国会正常化まで延長と言明
- 11.22 自民・社会両党首会談，警職法審議未了・衆院自然休会で了解成立
- 11.27 宮内庁長官，皇室会議での**皇太子明仁と正田美智子の婚約を発表**
- 12.21 ドゴール首相，仏大統領に当選
- 12.27 自民党反主流派3閣僚(池田勇人・三木武夫・灘尾弘吉)，岸首相の強硬姿勢に反発して，辞表提出

37

昭和34年
1959

〈岩戸景気〉('58年下期〜'61年下期)／輸出量，戦前水準に回復／皇太子成婚によりテレビの購入急増

皇太子夫妻の結婚パレード

第二次岸内閣

1. 1 **キューバ革命**（バチスタ政権を打倒）．2.16 カストロ，首相に就任
1. 1 メートル法実施（尺貫法廃止）
1.10 NHK 教育テレビ，2.1 日本教育テレビ，3.1 フジテレビ，開局
2.17 政府，米ファーストボストン社などと外債 3000 万ドル発行契約調印（戦後初の外債公募）
3. 5 米国，トルコ・イラン・パキスタンと相互防衛条約調印（アンカラ協定）
3. 9 浅沼稲次郎社会党訪中団長，「米帝国主義は日中両国人民共同の敵」と演説
3.10 チベットの反乱．3.31 ダライ＝ラマ，インドへ亡命
3.28 社会党・総評・原水協など，安保条約改定阻止国民会議を結成
3.30 東京地裁，安保条約による米軍駐留は違憲，砂川事件は無罪と判決（伊達判決）．4.3 検察側，最高裁に跳躍上告
4.10 **皇太子の結婚**パレード，テレビ視聴者推定 1500 万
4.13 藤山外相，米駐日大使と安保改定交渉再開
4.14 首都高速道路公団法公布
4.15 安保阻止国民会議，東京・日比谷公園で第 1 次統一行動
4.27 中国，劉少奇を国家主席に選出（毛沢東は党主席に専念）
5.13 南ベトナムと賠償協定（5 年間に 3900 万ドル）・借款協定（3 年間に 750 万ドル）に調印
6. 2 第 5 回参院選（自民 71，社会 38，緑風 6，共産 1，諸派 1，無所属 4．創価学会 6 人全員当選）

第二次岸内閣

6.18 岸内閣改造（通産相に池田勇人）
7.11 岸首相，欧州・中南米 11 ヵ国訪問に出発．8.11 帰国
8.10 最高裁，松川事件有罪の原判決を破棄，差戻し判決
8.13 在日朝鮮人の北朝鮮帰還に関する日朝協定調印．12.14 帰還第 1 船
8.29 三井鉱山，労組に 4580 人整理の第 2 次案を提示．10.13 三鉱連反復スト闘争に突入．12.11 会社指名解雇通告（三池争議始まる）
9.24 黒いジェット機（米軍 U2 型），藤沢飛行場に不時着
9.25 アイゼンハワー・フルシチョフ会談（キャンプ＝デービッド会談）
9.26 伊勢湾台風，死者 5041 人（明治以後最大），被害家屋 57 万戸
9.30 フルシチョフ，北京訪問，毛沢東と会談（共同声明発表されず，**中ソの意見対立激化**）
10. 5 沖縄の民主党など保守政党合同，沖縄自民党結成（総裁大田政作）
10.13 東京地裁，デモ規制の東京都公安条例に 3 度目の違憲判決
10.26 自民党，安保改定を党議決定
11. 2 水俣病問題で漁民 1500 人，新日本窒素水俣工場に乱入，警官隊と衝突
11. 6 国防会議，次期戦闘機をロッキード F 104 C に決定
11.11 通産省，対ドル地域輸入制限 180 品目の自由化決定（**貿易自由化開始**）
11.27 安保阻止第 8 次統一行動．国会請願のデモ隊 2 万人，国会構内に入る
12.16 最高裁，砂川事件で「駐留米軍は違憲ではない」と原判決破棄，差戻し判決

1960-1972

昭和35年
1960

テレビ受信契約数500万突破／インスタント食品，ぞくぞく発売／「マイホーム主義」流行語となる／〈ダッコちゃん〉流行

樺美智子の死に抗議のプラカード

第二次岸内閣

1. 5 閣議，貿易為替自由化促進閣僚会議の設置を決定．1.12 初会合
1. 6 藤山愛一郎外相・米大使の安保改定交渉妥結
1.16 岸首相ら新安保条約調印全権団，米国に出発．全学連，羽田で座込み
1.24 民主社会党結成大会開催，委員長に西尾末広を選出
1.25 三井鉱山，三池鉱をロックアウト（労組，全山無期限ストに突入）
2.23 浩宮徳仁親王誕生
3. 2 日ソ貿易協定調印
3.17 三池労組分裂，第2組合結成
3.23 社会党臨時大会開催，委員長に浅沼稲次郎を選出
4.15 安保阻止国民会議，第15次統一行動（～4.26）
4.18 ソウルで李承晩大統領退陣要求デモ．4.27 李，辞表提出．5.28 ハワイに亡命（4月学生革命）
4.28 沖縄県祖国復帰協議会結成（会長屋良朝苗）
4.30 ソニー，世界初のトランジスタ＝テレビ発売（8インチ，6万9800円）
5.19 政府・自民党，衆院で質疑打切りを強行，警官隊導入．5.20 未明，**新安保条約を自民党単独で強行採決**（以後国会空白状態）
5.24 太平洋岸に〈チリ津波〉来襲，北海道南岸・三陸に大被害
5.26 安保阻止国民会議，第16次統一行動（17万人のデモ隊が国会を包囲）
6. 4 安保改定阻止第1次実力行使に全国で560万人参加
6.10 米大統領秘書ハガチー来日，羽田でデモ隊に包囲され，翌日離日

第二次岸内閣／第一次池田勇人内閣

6.15 **安保改定阻止第2次実力行使**に全国で580万人参加（～6.16）．全学連主流派，警官隊と衝突，東大生樺美智子死亡
6.18 安保阻止統一行動，33万人が国会デモ（徹夜で国会を包囲）
6.19 **新安保条約，自然承認**
6.23 新安保条約批准書交換，発効．岸首相，閣議で退陣の意思を表明
6.25 道路交通法公布．12.20 施行
6.30 コンゴ共和国独立．7.11 カタンガ州首相，分離独立を宣言（コンゴ紛争）
7.15 岸内閣総辞職．7.19 池田内閣成立
7.20 米，潜水艦からのポラリスミサイル水中発射に成功
7.― 中ソ国境紛争おこる
8. 1 東京・山谷で住民3000人が暴動
8.10 中労委，三井争議に斡旋案提示．9.6 炭労臨時大会，受諾を決定．11.1 争議解決
8.25 第17回ローマ＝オリンピック開催
9. 5 政府，10月以降鉄鋼など257品目の輸入自由化を発表（自由化率44%）
9.10 カラーテレビ本放送開始
9.10 ラオス内戦本格化
9.14 石油輸出国機構（OPEC）結成
10.12 浅沼稲次郎社会党委員長，日比谷公会堂で右翼少年山口二矢に刺殺さる
11. 1 経済審議会，**国民所得倍増計画**を答申．12.27 閣議，同計画を決定
11. 8 民主党ケネディ，米大統領に当選
11.20 第29回総選挙（自民296，社会145，民社17，共産3）
12. 8 第2次池田内閣成立
12.20 **南ベトナム解放民族戦線**結成
12.27 海外経済協力基金法公布

実質経済成長率14.5％（高度成長期の最高）／レジャー＝ブーム．スキー客，100万人突破，登山者224万人

昭和36年
1961

池田・ケネディ日米首脳会談

第二次池田内閣

- 1. 3 米国，キューバと国交断絶
- 1.17 全国消費者団体連絡会など，物価値上げ反対懇談会を結成
- 2. 1 〈風流夢譚事件〉で右翼少年，中央公論社嶋中社長宅を襲い，家人2人を殺傷
- 2. 5 社会党，構造改革論を軸とする新運動方針を決定，発表
- 3. 8 社会党大会，新委員長に河上丈太郎を選出
- 4.12 ソ連宇宙船ウォストーク1号（ガガーリン搭乗），地球一周飛行に成功
- 4.19 米駐日大使ライシャワー着任
- 4.28 那覇で祖国復帰県民総決起大会開催（参加者2万人）
- 5.16 韓国で軍事クーデター．張都暎ら軍部，政権掌握．5.18 張勉内閣総辞職．7.3 張都暎失脚，後任に朴正煕
- 6. 1 酒に酔って公衆に迷惑をかける行為の防止等に関する法律公布
- 6. 3 自民・民社両党，政治的暴力行為防止法案を衆議院で強行可決．6.8 参議院議長の斡旋で継続審議．'62.5.7 廃案
- 6.10 小坂善太郎外相，米大使とガリオア・エロア債務返還に関する覚書に署名．'62.1.9 正式調印
- 6.12 防衛庁設置法・自衛隊法改正公布（増員，陸自13師団に改編など）／**農業基本法**公布
- 6.17 原子力損害賠償法・同賠償補償契約法公布（原子力事業者の無過失賠償責任などを規定）
- 6.20 日米首脳会談（〜6.22）．6.22 池田・ケネディ共同声明（日米貿易経済合同・教育文化・科学の3委員会

第二次池田内閣

  設置に合意）
- 7.18 国防会議，第2次防衛力整備計画を決定
- 7.27 共産党第8回大会，反帝反独占の民主主義革命路線の綱領を採択
- 8. 1 大阪・釜ケ崎で群衆2000人余が暴動
- 8.13 東ドイツ，〈ベルリンの壁〉を構築
- 9. 1 ベオグラードで非同盟諸国首脳会議開催．9.7 新旧植民地主義反対などの宣言を発表
- 9. 1 日赤，愛の献血運動を開始
- 9.16 第2室戸台風，死者202人
- 9.20 米ソ，全面完全軍縮の目標承認で合意，軍縮8原則を共同宣言
- 9.30 愛知用水完成（総延長1135km）
- 10.15 欧州遠征の日紡貝塚女子バレーボールチーム，24戦無敗で帰国（〈東洋の魔女〉といわれる）
- 10.20 第6次日韓会談開始
- 10.26 文部省，中学2・3年生全員に全国一斉学力テスト（日教組，阻止行動．9割の学校で実施される）
- 11. 2 初の**日米貿易経済合同委員会**開催（〜11.4 貿易自由化促進へ）
- 11.14 通産省，水島・徳山両市に石油化学センター設立認可の方針を決定
- 11.15 災害対策基本法公布
- 12.12 無戦争・無税・無失業をとなえる旧軍人らの内閣要人暗殺陰謀が発覚，13人逮捕（三無事件）
- 12.17 那覇市長選，自民党の西銘順治当選（5年ぶりの保守派市長）
- 12.21 中央公論社，『思想の科学』天皇制特集号（'62年1月号）の発売中止

―― 41

昭和37年
1962

機械製品, 輸出割合29.2％で, 繊維製品をぬく／東京でスモッグ深刻化／テレビ受信契約数, 1000万を突破

公害マスクをつける小学生

第二次池田内閣

- 1.17 創価学会政治連盟, 公明政治連盟と改称. 7.11 参議院に公明会結成
- 2. 1 東京都の常住人口, 推計で1000万人を突破（世界初の1000万都市）
- 2. 2 日米相互関税引下げ協定調印
- 2.15 臨時行政調査会初会合（会長佐藤喜一郎三井銀行会長）
- 2.27 NEC（日本電気）, 国産初の大型電子計算機NEAC 2206発表
- 3. 6 日米ガット関税取決め調印
- 3.16 韓国, 政治活動浄化法公布. 3.22 尹大統領, 同法に反対して辞任. 朴正煕, 大統領権限を代行
- 3.18 仏・アルジェリア臨時政府, 停戦協定（エビアン協定）調印
- 3.31 物品税法公布
- 5. 3 常磐線三河島駅構内で2重衝突, 死者160人, 重軽傷者325人
- 5.10 新産業都市建設促進法公布
- 5.11 石油業法公布（石油供給計画の作成など）
- 5.15 防衛庁設置法改正公布（防衛施設庁新設, 調達庁廃止）
- 5.17 西独で奇形児問題化のため大日本製薬, サリドマイド系睡眠薬の出荷を停止. 9.13 製薬5社, 販売停止
- 6.10 北陸トンネル開通（13.87 km）
- 7. 1 第6回参院選（自民69, 社会37. 公政連〈創価学会〉9人全員当選）
- 7.10 佐世保重工, 日章丸を進水（13万トン, 世界最大のタンカー）
- 7.17 経企庁, 経済白書「景気循環の変貌」を発表.〈転型期論争〉おこる
- 7.27 社会党書記長江田三郎, 新しい社会主義のビジョンを主張
- 8. 6 第8回原水禁世界大会, 社会党・総

第二次池田内閣

評の「ソ連の核実験に抗議する」動議で紛糾. 社会党系代表退場, 宣言不採択
- 8.12 堀江謙一, ヨットで太平洋横断
- 9.19 自民党松村謙三議員, 周恩来首相と会談, 日中関係正常化で合意
- 9.26 若戸大橋開通（2068 m）
- 9.29 閣僚審議会, 10.1からの貿易自由化率88％（230品目）と決定／富士ゼロックス, 国産電子複写機を完成（コピー時代の幕開け）
- 10. 5 閣議, 全国総合開発計画を決定
- 10.22 ケネディ米大統領, キューバにソ連ミサイル基地建設中と発表, キューバ海上封鎖を声明（キューバ危機）. 10.28 フルシチョフ, キューバからの攻撃的武器撤去を命令, 危機収束
- 10.26 首相の私的諮問機関「国づくり」懇談会, 初会合. 12.5「人づくり」懇談会も発足
- 11. 9 高碕達之助, 廖承志と日中総合貿易覚書に調印（LT貿易開始）
- 11.18 仏総選挙. 11.25 第2次投票, ドゴール体制確立
- 11.27 社会党第22回大会で「江田ビジョン」批判決議可決. 11.29 成田知巳新書記長を選任
- 12. 3 社会党・総評など「原水爆禁止と平和のための国民大会」開催, 「いかなる国の核実験にも反対」を決議. 12.5 同実行委, 原水爆禁止連絡会議と改称
- 12.11 自衛隊北海道島松演習場で, 酪農民が生活防衛のため電話線を切断（恵庭事件）. '67.3.29 無罪確定

〈オリンピック景気〉(〜'64年10月)
／火力発電量，水力発電量をこえる
／三ちゃん(じいちゃん・ばあちゃん・かあちゃん)農業広まる

昭和38年
1963

第1回全国戦没者追悼式で黙禱する天皇・皇后

<table>
<tr><td rowspan="18">第二次池田内閣</td><td>1. 9</td><td>ライシャワー米大使，原子力潜水艦の日本寄港承認申入れ</td></tr>
<tr><td>1.23</td><td>北陸地方豪雪，6日間で死者84人</td></tr>
<tr><td>2.10</td><td>北九州市発足(5市合併)</td></tr>
<tr><td>2.20</td><td>日本，ガット理事会で**ガット11条国への移行**の政府決定を通告</td></tr>
<tr><td>3.11</td><td>宮内庁，『平凡』連載小説小山いと子作「美智子さま」の掲載中止を申入れ(5月号で中止)</td></tr>
<tr><td>3.31</td><td>東京で〈吉展ちゃん誘拐事件〉おこる</td></tr>
<tr><td>4.25</td><td>大阪駅前にわが国初の横断歩道橋完成</td></tr>
<tr><td>5. 4</td><td>埼玉県狭山市で捜索中の女子高校生の遺体発見(狭山事件)</td></tr>
<tr><td>5. 4</td><td>厚生省，初の児童福祉白書を発表</td></tr>
<tr><td>5.13</td><td>日教組・出版労協など36団体，教科書国家統制粉砕推進会議結成</td></tr>
<tr><td>5.22</td><td>アフリカ独立諸国首脳会議開催．5.25 アフリカ統一機構(OAU)憲章調印</td></tr>
<tr><td>6. 5</td><td>黒部川第4発電所完工式</td></tr>
<tr><td>6.20</td><td>米ソ，直通通信(ホット＝ライン)協定調印</td></tr>
<tr><td>7. 5</td><td>中ソ共産党会議，モスクワで開催．7.20 会談決裂(**中ソ対立激化**)</td></tr>
<tr><td>7. 8</td><td>防衛庁，国産初の空対空ミサイルの試射実験に成功</td></tr>
<tr><td>7.11</td><td>老人福祉法公布</td></tr>
<tr><td>7.12</td><td>閣議，新産業都市13カ所，工業整備特別地域6カ所の指定を決定</td></tr>
<tr><td>7.19</td><td>東京証券取引所株価，ケネディ教書により暴落(開所来の下げ幅)</td></tr>
<tr><td></td><td>7.20</td><td>中小企業基本法公布</td></tr>
<tr><td></td><td>8. 5</td><td>第9回原水禁世界大会，社会党・総評系のボイコットで分裂</td></tr>
<tr><td></td><td>8. 5</td><td>米英ソ，**部分的核実験停止条約**に調</td></tr>
</table>

<table>
<tr><td rowspan="12">第二次池田内閣</td><td></td><td>印</td></tr>
<tr><td>8.15</td><td>政府主催の第1回全国戦没者追悼式挙行</td></tr>
<tr><td>8.28</td><td>米国で人種差別撤廃・雇用拡大要求の〈ワシントン大行進〉</td></tr>
<tr><td>8.30</td><td>国土地理院，基本地図に2万5000分の1を採用と決定</td></tr>
<tr><td>8.31</td><td>政府，輸入自由化品目追加(自由化率92%)</td></tr>
<tr><td>9. 1</td><td>国鉄，列車自動停車装置(ATS)の使用開始</td></tr>
<tr><td>9.12</td><td>最高裁，**松川事件**再上告審で上告棄却の判決(被告全員の**無罪確定**)</td></tr>
<tr><td>10. 2</td><td>IMF先進10カ国，蔵相代理会議の発足を言明(国際通貨制度についての全面的再検討始まる)</td></tr>
<tr><td>10.11</td><td>アデナウアー西独首相辞任．10.17 エアハルト内閣成立</td></tr>
<tr><td>10.26</td><td>原子力研究所，原子力動力炉の発電試験に成功．10.29 GE社の命令で運転中止</td></tr>
<tr><td>11. 1</td><td>大蔵省，前年からのニセ札事件に対処するため新千円札(伊藤博文)発行</td></tr>
<tr><td>11. 9</td><td>横浜市鶴見区の東海道線で2重衝突，死者161人(鶴見事故)</td></tr>
<tr><td>11. 9</td><td>三池三川鉱で炭塵爆発，死者458人</td></tr>
<tr><td>11.21</td><td>第30回総選挙(自民283，社会144，民社23，共産5)</td></tr>
<tr><td>11.22</td><td>**ケネディ米大統領暗殺**(46歳)．副大統領ジョンソン，大統領に昇格</td></tr>
<tr><td rowspan="4">第三次池田内閣</td><td>12. 9</td><td>第3次池田内閣成立／鹿児島宇宙空間観測所開所式</td></tr>
<tr><td>12.17</td><td>ソウルで朴正熙大統領就任式</td></tr>
<tr><td>12.21</td><td>教科書無償措置法公布</td></tr>
<tr><td>12.26</td><td>最高裁，砂川事件再上告を棄却(7被告全員の有罪確定)</td></tr>
</table>

— 43

昭和39年
1964

家庭用VTR販売開始／東京・京阪神間の電話，即時ダイヤルとなる／マンション登場／海外旅行の自由化

東京オリンピック開会式で入場行進する日本選手団

第三次池田内閣

- 1.27 中・仏，外交関係の樹立を発表
- 1.30 南ベトナムで第2次軍事クーデター．2.8 グエン＝カーン内閣成立
- 2.23 吉田元首相，台湾訪問，蔣介石総統と会談．2.27 帰国
- 2.28 政府，初の中小企業白書を発表
- 3.23 国連貿易開発会議（UNCTAD）開催（～6.16 121カ国参加）
- 3.27 東大宇宙航空研究所設立
- 3.31 産業構造審議会令公布（産業構造調査会廃止）
- 4.1 日本，**IMF8条国**に移行
- 4.5 東京・町田市商店街に米軍ジェット機墜落，4人死亡．9.8 大和・厚木市にも墜落
- 4.8 中国経済友好代表団来日．4.10 東京・晴海で中国経済貿易博覧会開催
- 4.17 春闘統一行動，民間労組を主体に24時間スト
- 4.28 日本，経済協力開発機構（**OECD**）に加盟
- 5.14 ソ連議団，初の訪日．9.4 日本国会議員団，ソ連訪問
- 5.15 衆議院，部分的核実験停止条約を承認．5.25 参議院も承認，成立
- 5.16 国際金属労連日本協議会（IMF・JC）結成
- 5.27 インドのネルー首相没（74歳）．6.9 シャストリ内閣成立
- 5.30 東京地裁，三無事件に破壊活動防止法を初めて適用し，有罪判決
- 6.1 三菱系3重工業会社合併，三菱重工業発足
- 6.16 新潟地震（M7.5），死者26人
- 7.3 憲法調査会，最終報告書を提出
- 7.11 電気事業法公布（電気臨時措置法廃止）
- 7.25 山陽本線の全線電化完成
- 8.2 米国防総省，米駆逐艦が北ベトナム魚雷艇に攻撃されたと発表（**トンキン湾事件**）．8.4 米軍機，北ベトナム海軍基地を報復爆撃
- 8.10 社会党・共産党・総評など137団体，ベトナム戦争反対集会を開く
- 8.11 閣議，南ベトナムへの緊急援助決定
- 8.28 政府，米原潜寄港受諾を通告
- 9.17 浜松町・羽田間に，初の営業用モノレール開業
- 10.1 東海道新幹線開業
- 10.10 第18回**東京オリンピック**開催（～10.24 94カ国・選手5541人参加．日本，16個の金メダル獲得）
- 10.15 英総選挙，労働党勝利．10.17 ウィルソン内閣成立／ソ連，フルシチョフ党第1書記兼首相解任を発表（第1書記にブレジネフ，首相にコスイギン）
- 10.16 中国，初の原爆実験に成功
- 10.25 入院中の池田首相，辞意を表明
- 11.3 民主党ジョンソン，米大統領に当選
- 11.9 池田内閣総辞職，佐藤栄作内閣成立
- 11.12 米原潜シードラゴン，佐世保に入港（初の原潜寄港，11.14 出港）／全日本労働総同盟（同盟）結成
- 11.17 **公明党結成**大会，委員長に原島宏治，書記長に北条浩を選任
- 12.1 日本特殊鋼，事実上の倒産
- 12.12 サンウェーブ工業，事実上の倒産
- 12.21 中国，第3期全国人民代表大会第1回会議（～'65.1.4 劉少奇を国家主席に選出）

第一次佐藤栄作内閣

44

消費者物価7.4％上昇，物価問題深刻化／船舶進水量，10年連続で世界第1位／大学生数，100万人を突破

昭和40年
1965

高度成長の花形・造船業

第一次佐藤栄作内閣

- 1. 8 韓国，南ベトナムに派兵決定
- 1.10 佐藤首相，訪米に出発．1.13 佐藤・ジョンソン共同声明発表．1.17 帰国
- 1.11 中教審，「**期待される人間像**」中間草案発表
- 1.21 インドネシア，国連を正式脱退
- 2. 1 原水爆禁止国民会議結成
- 2. 7 米軍機，北ベトナムのドンホイを爆撃(北爆開始)
- 2.10 社会党，防衛庁の極秘文書(三矢研究)について政府を追及
- 3. 1 世界共産党協議会，モスクワで開催(～3.5 中国共産党他6党欠席)
- 3. 6 山陽特殊鋼，事実上の倒産
- 3.16 東京地検，都議会議長選挙をめぐる汚職事件で3都議を逮捕．6.11 捜査終了，11都議を起訴
- 3.— 繊維業界で中小企業の倒産激増
- 4.17 ワシントンでベトナム停戦を要求する1万人のデモ
- 4.21 社会党，衆議院大蔵委員会で「吹原産業融資問題」を追及．4.23 吹原弘宣社長逮捕
- 4.24 ベトナムに平和を！市民文化団体連合(ベ平連)，初のデモ
- 4.24 ドミニカで内戦．4.28 米軍上陸．5.5 停戦協定調印
- 5. 6 社会党臨時大会，新委員長に佐々木更三を選出
- 5.13 自民，衆議院内閣委で農地報償法案を強行採決．5.14 本会議で可決
- 5.28 田中角栄蔵相，証券緊急対策として山一証券に日銀特別融資発表('56年以来の異例措置)
- 6. 1 福岡・山野鉱でガス爆発，死者237人

第一次佐藤栄作内閣

- 6.12 家永三郎，教科書検定を違憲とし，国家賠償請求の民事訴訟をおこす
- 6.22 **日韓基本条約調印**．10.12 条約批准阻止で10万人デモ．12.11 参議院本会議，自民・民社のみで可決．12.18 ソウルで批准書交換，発効
- 6.— 東京・夢の島にハエ大量発生，江東地区一帯に飛来，問題化
- 7. 1 名神高速道路全線開業
- 7. 4 第7回参院選(自民71, 社会36, 公明11, 民社3, 共産3, 無所属3. 東京地方区で自民党全滅)
- 7.23 東京都議選．社会党，第1党となる
- 7.27 第4回経済政策会議，不況打開緊急対策を決定(国債発行準備など)
- 8. 3 長野県松代町付近で地震(松代群発地震の始まり)
- 8.19 佐藤首相，首相として戦後初の沖縄訪問(「沖縄の祖国復帰が実現しない限り日本の戦後は終らない」と発言)
- 9.18 日中総合貿易協定調印
- 9.24 国鉄,〈みどりの窓口〉開設
- 10. 1 完成自動車の輸入を自由化(自由化率93％)
- 10.21 朝永振一郎，ノーベル物理学賞決定
- 11.10 茨城県東海村原子力発電所，初の営業用原子力発電に成功．'66.8.8 本格的発電開始
- 11.11 ローデシア，英からの一方的独立を宣言．12.18 対英断交9カ国に
- 11.19 閣議，**戦後初の赤字国債**発行を決定('66.1.19 第1回700億円募集開始)
- 12.10 日本，国連安保理事会非常任理事国に当選
- 12.14 日本，OECD常任理事国に決定

45

昭和41年
1966

「ひのえうま」で出生数激減／「交通戦争」の語生まれる／3C（カラーテレビ・カー・クーラー）が〈新三種の神器〉となる

ビートルズ日本公演

第一次佐藤栄作内閣

1.3 ハバナでアジア・アフリカ・ラテンアメリカ3大陸人民連帯会議開催
1.15 椎名悦三郎外相，現職外相として戦後初の訪ソに出発．7.24 グロムイコソ連外相来日
1.19 昭和40年度財政処理特別措置法公布，施行
1.24 インド，インディラ＝ガンジー内閣成立
2.4 全日空機，羽田沖に墜落，133人全員死亡
2.27 春闘共闘委員会，「物価値上げ反対・生活危機突破国民大会」を開催（物価メーデー）
3.4 カナダ航空機，羽田空港防潮堤に激突し炎上，64人死亡
3.5 BOAC機，富士山付近で空中分解・墜落，124人全員死亡
3.10 佐藤首相，参議院予算委員会で沖縄防衛に日本も参加と答弁．3.16 法律・条約上沖縄に自衛隊は出動できないと再答弁
3.11 インドネシアのスカルノ大統領，政治権限をスハルト陸相に移譲．7.5 スハルト，大統領代理に
3.31 日本の総人口，1億人を突破（法務省住民登録集計）
4.1 南ベトナム各地で反政府デモ激化
4.20 日産自動車・プリンス自工，合併契約調印．8.1 日産自動車として発足（**自動車業界再編成始まる**）
4.26 公労協・交通共闘統一スト（戦後最大の交通スト）
5.30 米原潜スヌック，横須賀に初入港
6.3 国民祝日法改正公布（敬老の日・体育の日を決定）

第一次佐藤栄作内閣

6.29 米軍機，ハノイ・ハイフォン郊外を爆撃／ビートルズ来日
7.1 仏，NATO軍から正式脱退
7.4 閣議，新東京国際空港の建設地を千葉県成田市（三里塚）に決定
7.8 政府，建国記念日審議会を設置．12.8 同審議会，建国記念の日を2月11日と答申．12.9 政令として公布
7.9 中国共産党，党中央に文化革命小組を設置．8.8 文革に関して「社会主義革命の新段階」など16項目を決定．8.― 紅衛兵の活動活発化
7.11 広島市議会，原爆ドームの永久保存を決議．'67.8.8 完工式
8.5 東京地検，田中彰治代議士を恐喝・詐欺容疑で逮捕
8.18 北京・天安門広場で「**文化大革命勝利祝賀**」の紅衛兵100万人集会開催
9.17 紀元節復活反対国民集会開催
9.27 社会党，参議院で共和製糖への不正融資問題を追及
9.28 インドネシア，正式に国連に復帰
10.11 荒船清十郎運輸相，国鉄ダイヤ改正にあたり，選挙区の深谷駅に急行を停車させようとした問題で辞任
11.13 全日空YS11型機，松山空港で墜落，50人全員死亡（戦後初の国産機事故）
11.29 国防会議，第3次防衛力整備計画大綱を決定
12.1 西独，キージンガー連立内閣成立
12.20 東京地裁，**結婚退職制は違憲**と判決（住友セメント女子社員勝訴）
12.26 帝人・日本レイヨン・鐘紡，国際競争力強化のため業務協定に調印
12.27 衆議院解散（黒い霧解散）

昭和42年
1967

ベトナム特需，前年比7.9％の増加／農業就業人口初めて20％を割る／「核家族」の呼び名，広まる／ミニスカート大流行／テレビ受信契約数，2000万を突破

ミニスカートの女性たち

第二次佐藤内閣

1. 6 米海兵隊，メコン＝デルタに初侵攻
1.29 第31回総選挙(自民277，社会140，民社30，公明25，共産5，無所属9．自民得票率，初めて50％を割る．公明党，衆議院初進出)
2. 4 厚生省，政府による初の原爆被爆者実態調査結果を発表('65.11.1現在の生存被爆者29万8500人)
2.11 初の建国記念の日
2.13 公明党大会，竹入義勝委員長・矢野絢也書記長を選出
2.17 第2次佐藤内閣成立
2.24 琉球立法院，デモ隊に囲まれ議会流会．11.22 教公2法案廃案
4.15 社共推薦の**美濃部亮吉，都知事当選**
5.24 最高裁，朝日訴訟の判決で，健康で文化的な最低限度の生活の判断は厚生大臣に裁量権ありと表明
6. 5 第3次中東戦争始まる．6.11 停戦
6. 6 閣議，資本取引自由化基本方針を決定．6.30 資本取引関連法規改正．7.1 施行
6.12 新潟水俣病患者，昭和電工に対して損害賠償請求の提訴を開始
6.16 政府，政治資金規制法案を国会に提出(審議未了，廃案)
6.19 民社党大会，西村栄一委員長・春日一幸書記長を選出
6.23 家永三郎，教科書不合格処分取消しの行政訴訟をおこす(第2次訴訟)
7. 1 欧州共同体(**EC**)発足
7.20 動力炉・核燃料開発事業団設置
7.23 アメリカのデトロイト市で，史上最大の黒人暴動おこる
7.28 ラジオ受信料廃止決定．'68.4.1施行
8. 3 **公害対策基本法**公布(企業の無過失責任は立法過程で削除)
8. 8 東南アジア諸国連合(**ASEAN**)結成
8.20 社会党大会，勝間田清一委員長・山本幸一書記長を選出
9. 1 四日市ぜんそく患者，石油コンビナート6社を相手に慰謝料請求訴訟(初の**大気汚染公害訴訟**)
10. 8 佐藤首相，東南アジア・オセアニア訪問に出発(3派系全学連と警官隊衝突，第1次羽田事件)
10.16 米国の30都市でベトナム反戦デモ
10.20 吉田茂没(89歳)．10.31 戦後初の国葬
10.21 ワシントンで10万人の反戦集会
10.31 海上自衛隊員2000人，伊勢神宮に集団参拝(憲法違反として問題化)
11. 1 八郎潟干拓農地への入植開始
11. 2 那覇市で沖縄即時無条件返還要求県民大会開催(約10万人参加)
11. 2 政府，米原子力空母エンタープライズ寄港承認を米国に通告
11.12 佐藤首相，訪米に出発(全学連と警官隊衝突，第2次羽田事件)．11.15 ワシントンで日米共同声明(沖縄返還の時期は明示せず，小笠原は1年以内に返還)
11.13 KDD，通信衛星用の世界初の標準地上局を茨城県高萩に完成
12. 7 ニューヨーク連邦準備銀行，米国金準備が'37年7月以来の最低水準に減少と発表
12.11 佐藤首相，衆院予算委で「核兵器をつくらず，もたず，もちこませず」の**非核三原則**を言明
12. — '68年度予算編成にあたり，財政硬直化が問題となる

47

昭和43年
1968

GNP，米国に次いで資本主義国第2位となる／国際収支，黒字基調が定着／スーパーの売上げ，デパートを抜く／シンナー遊び激増

佐世保に入港するエンタープライズ

第二次佐藤内閣

- 1. 9 アラブ石油輸出国機構（OAPEC）結成
- 1.19 米原子力空母エンタープライズ，佐世保に入港．反対運動広がる
- 1.29 東大医学部学生自治会，医師法改正に反対して無期限ストに突入（**東大紛争**の発端）
- 1.30 南ベトナム全土で解放勢力が大攻撃開始（テト攻勢）
- 2. 1 米琉球高等弁務官，琉球政府行政主席の直接公選制を認めると言明
- 2. 5 沖縄嘉手納基地にB52爆撃機飛来，連日増加．2.10 立法院本会議，即時撤退要求を全会一致で決議
- 2.11 紀元節復活・靖国神社国営化・明治百年祭に反対する中央集会開催
- 2.12 社・公・共3党，日本の非核武装と核兵器禁止の決議案提出（審議未了）
- 2.20 金嬉老，静岡県清水市内で2人を射殺し逃走．2.21 寸又峡温泉で13人を人質に籠城．2.24 逮捕
- 3.16 南ベトナムのソンミで米軍による大虐殺事件おこる（**ソンミ事件**）
- 4. 4 米国の黒人運動指導者キング牧師暗殺，各地で黒人の抗議運動
- 4.15 国税庁，日大で20億円の使途不明金と発表（**日大紛争**の発端）．9.30 日大全共闘会議系学生1万人，古田重二良会頭と徹夜で大衆団交
- 5. 8 厚生省，イタイイタイ病について三井金属鉱業の責任を明示，公害病と正式に認定
- 5.13 パリの学生・労働者，ゼネスト決行．5.19 全仏に拡大（**5月革命**）
- 5.16 十勝沖地震（M7.9），死者52人
- 5.30 消費者保護基本法公布

第二次佐藤内閣

- 6.15 東大で青医連，安田講堂などを占拠．6.20 全学部に紛争拡大．7.2 東大全共闘，安田講堂を再占拠
- 6.26 小笠原諸島返還，東京都に所属
- 7. 1 62カ国，**核拡散防止条約**調印（'70. 2.3 日本も調印）／ケネディ＝ラウンドの第1回関税引下げ実施（'71. 4.1 で完了）／EEC関税同盟発足
- 7. 7 第8回参院選（自民69，社会28，公明13，民社7，共産4，無所属5．社会党後退）
- 7.17 イラクでクーデター，石油の外国支配排除を声明
- 8. 8 札幌医大で日本初の心臓移植手術
- 8.18 岐阜県加茂郡で観光バス2台が飛騨川に転落，死者104人
- 8.20 ソ連など5カ国，チェコに侵入（**チェコ事件**）
- 10. 1 三井東圧化学発足／日商岩井発足
- 10. 4 社会党大会，成田知巳委員長・江田三郎書記長を選出
- 10.13 第19回メキシコ＝オリンピック開催
- 10.15 北九州市，米ぬか油中毒で，カネミ倉庫製油部に営業停止を通達
- 10.23 **明治百年記念式典**開催
- 10.31 ジョンソン米大統領，北爆停止などを表明
- 11. 6 共和党ニクソン，米大統領に当選
- 11.10 琉球政府主席に革新統一候補の**屋良朝苗**当選
- 11.19 沖縄嘉手納基地でB52爆発事故
- 12.10 東京・府中市で3億円強奪事件発生．'75.12.10 時効成立
- 12.11 川端康成，ノーベル文学賞受賞

テレビ受信台数1269万，世界第1位／国鉄累積赤字4137億円，国鉄監査委員会，国鉄は破産寸前と報告／大学紛争激化

昭和44年
1969

東大安田講堂に放水する機動隊

第二次佐藤内閣

1.10 東大，当局と学生代表が団交，学長代行が「確認書」に署名
1.16 ソ連のソユーズ4号と5号，初めて地球軌道上でドッキング，乗員の移動に成功
1.18 機動隊，東大**安田講堂の封鎖解除**に出動．1.19 解除，631人逮捕
1.20 '69年度東大入試の中止確定
1.25 第1回ベトナム和平拡大パリ会談
2. 4 沖縄「いのちを守る県民共闘会議」，B52撤去を要求して総決起大会／アラファト，PLO議長に選出
2. 7 閣議，第2次資本自由化措置決定
3. 2 中ソ，珍宝島で武力衝突
3. 6 八幡・富士製鉄，合併契約調印
3.12 東京に大雪，積雪30 cm (新記録)
4.10 衆議院本会議，公務員の定員に関する法案を可決．5.16 公布
4.13 全国サラリーマン同盟結成
4.14 中国共産党9全大会，林彪を毛沢東の後継者に決定
4.28 仏，ドゴール大統領辞任．6.15 ポンピドーが大統領に当選
5. 3 自主憲法制定国民会議結成 (会長岸信介)
5.16 閣議，自主流通米制度を決定
5.23 政府，初の公害白書を発表
5.26 東名高速道路全通 (346.7 km)
5.30 政府，**新全国総合開発計画**決定／中小企業近代化促進法改正公布 (指定特定業種の構造改善促進)
6. 3 都市再開発法公布．6.14 施行
6.10 南ベトナム解放民族戦線，**南ベトナム臨時革命政府樹立**を発表
6.23 地価公示法公布 (7.1 施行)／宇宙開発事業団設置

第二次佐藤内閣

6.30 自民党，初めて靖国神社法案を国会に提出 (審議未了)
7.13 都議会選挙．自民党，第1党に復活
7.20 米国の**アポロ11号**航空士，初の月面着陸に成功
7.24 東京教育大，筑波への移転を決定
8. 3 大学運営に関する臨時措置法案抜打ち採決，成立 (国会大混乱)
9. 1 OECD，日本の国際収支黒字定着を指摘，自由化促進を迫る
9. 2 物価安定政策会議，経済成長より物価抑制優先で意見一致
9. 3 ホー=チミン・ベトナム民主共和国大統領没 (79歳)
9. 5 全国全共闘連合結成大会開催
9.12 鹿児島県喜入町に貯蔵量120万klの石油輸入基地完成
9.29 IMF・世界銀行年次総会 (～10.3)，**SDR** (特別引出し権) 創出を決定
10.15 **全米にベトナム反戦運動広がる**
10.29 厚生省，発ガン性の疑いでチクロの食品・医薬品への使用を禁止
11.17 佐藤首相訪米．11.21 安保堅持，'72年に沖縄の施政権返還，韓国と台湾の安全重視などの共同声明発表
11.― 農林省，全国17ヵ所の干拓地の開田事業打切りを決定
12. 1 東京都老人医療費無料化制実施
12.15 公害健康被害救済措置法公布
12.17 文部省，大学紛争白書を発表 (紛争大学合計124校)
12.27 第32回総選挙 (自民288，社会90，公明47，民社31，共産14．自公共伸長，社会党40議席減少)
12.30 IMF，増資決定．日本の新出資額第5位，任命理事国に昇格

―― 49

昭和45年
1970

〈いざなぎ景気〉('66年〜)終わる／カドミウム・農薬汚染など各種の公害が全国的に広がる／〈歩行者天国〉開始／自動販売機，100万台突破

大阪万博・太陽の塔

第三次佐藤内閣

- 1. 2 日銀，国際決済銀行(BIS)に再加盟
- 1. 5 創価学会による出版妨害が問題化
- 1.14 第3次佐藤内閣成立
- 2.11 東大宇宙航空研，国産初の人工衛星〈おおすみ〉の打上げに成功
- 2.16 国鉄，「再建10ヵ年計画」を運輸大臣に申請．3.20 計画推進のため生産性向上運動(マル生運動)を開始
- 2.20 閣議，総合農政の基本方針(農業構造改善，兼業農家の協業化，米減産)を了承
- 3.14 大阪・千里で**日本万国博覧会**開催(〜9.13 入場者6421万人余)
- 3.18 カンボジアでクーデター，ロン＝ノル首相，実権掌握．3.23 シアヌーク，亡命政権の樹立を声明
- 3.20 厚生省，スモン患者2669人と発表．9.7 整腸剤キノホルムの販売・使用中止を通達
- 3.31 八幡・富士製鉄合併，**新日本製鉄**発足／日航機よど号，赤軍派に乗っ取られ，韓国金浦空港に着陸．4.3 乗客解放．赤軍派，北朝鮮へ
- 4. 8 大阪・天六駅でガス爆発，死者79人
- 4.18 法務省，長沼ナイキ訴訟審理の福島重雄裁判官を，青年法律家協会所属を理由に忌避申立て
- 4.19 日中覚書貿易協定調印．周恩来首相日本の軍国主義復活を警戒．4.23 佐藤首相，軍国主義化は誤解と反論
- 5. 1 米軍・南ベトナム政府軍，カンボジア領内へ越境侵攻，北爆再開．6.29 米軍，カンボジアからの撤退完了
- 5.15 農地法改正公布(農地移動制限の緩和)
- 5.21 東京・文京区で慢性鉛中毒患者が確認さる／心身障害者対策基本法公布

第三次佐藤内閣

- 5.31 ペルー北部で大地震(M7.5)，死者7万人余
- 6.23 日米安保条約，自動延長．反安保統一行動，全国で77万人
- 6.25 公明党大会，政教分離などを決定
- 7. 7 共産党大会，宮本顕治委員長・不破哲三書記局長を選出
- 7.17 東京地裁，家永教科書第2次訴訟に対し，検定不合格処分取消しを判決(**杉本判決**)．7.24 文部省，控訴
- 7.18 東京・杉並区で高校生40人余，グラウンドで倒れる．都公害研究所，**光化学スモッグ公害**と推定
- 7.― 静岡県田子の浦港，製紙会社からのヘドロ流入でマヒ寸前．8.11 富士市民協など18団体，**ヘドロ公害**で4製紙会社と知事を静岡地検に告発
- 8.12 西独・ソ連，武力不行使条約に調印
- 8.25 閣議，第3次資本自由化措置決定
- 10. 1 国勢調査．人口1億0372万人
- 10.20 政府，初の防衛白書を発表
- 10.21 佐藤首相，日本首相として初めて国連総会で演説
- 10.25 **アジェンデ**・チリ社会党党首，大統領に当選．11.3 **人民連合政権**成立
- 11.25 三島由紀夫，東京・市ヶ谷の自衛隊内で決起を呼びかけ，のち割腹自殺(45歳)
- 12. 2 社会党大会，成田知巳委員長・石橋政嗣書記長を選出
- 12.18 **公害関係14法案**成立(公害対策基本法の「経済との調和」条項削除)
- 12.14 ポーランド，グダニスクなどで食糧値上げ抗議暴動発生．12.20 ゴムルカ第1書記辞任，後任にギエレク

対米貿易収支25億ドル余の大幅出超，日米貿易摩擦問題化／ボウリング＝ブーム／TシャツとGパン，爆発的流行

昭和46年
1971

円切上げ，1ドル＝308円に

第三次佐藤内閣

- 1.20 文部省，小・中学校学習指導要領改訂(環境・公害教育を重視)
- 3. 3 自衛艦5隻，初の日米合同訓練
- 3.26 東パキスタン独立宣言．4.17 国名，バングラデシュ人民共和国
- 4.11 第7回統一地方選挙．都知事に美濃部亮吉再選，大阪府知事に社共推薦の黒田了一初当選
- 4.14 ニクソン米大統領，対中国貿易緩和措置発表(米の対中接近)
- 4.16 天皇・皇后，初めて広島の原爆慰霊碑に参拝
- 5.28 三菱重工株主総会で，ベ平連などの1株主200人と総会屋衝突
- 6.17 **沖縄返還協定調印**(屋良主席，調印式に欠席)
- 6.30 富山地裁，イタイイタイ病の主因は三井金属鉱業のカドミウムと認定
- 6.27 第9回参院選(自民63，社会39，公明10，民社6，共産6)
- 7. 1 環境庁発足／日本繊維産業連盟，対米輸出自主規制実施
- 7. 3 東亜国内航空機，函館北方横津岳で遭難，68人全員死亡
- 7. 9 キッシンジャー米大統領補佐官，秘密裏に訪中，周恩来と会談．'72年5月までに米大統領訪中で一致．7.15 発表
- 7.20 日本マクドナルド，1号店を銀座三越内に開店
- 7.30 岩手県雫石上空で自衛隊機と全日空機が衝突．自衛隊機の乗員2人脱出，全日空機の162人全員死亡
- 8. 3 民社党大会，委員長に春日一幸選出
- 8. 6 佐藤首相，現職首相として初めて広島の平和式典に出席

第三次佐藤内閣

- 8.15 ニクソン米大統領，金とドルの交換一時停止，10％の輸入課徴金実施などのドル防衛策を発表(**ドル＝ショック**)．8.16 東証ダウ株価大暴落
- 9. 8 中国共産党副主席林彪，クーデターに失敗．9.13 逃亡中に墜落死
- 9.27 天皇・皇后，欧州7カ国訪問に出発．イギリス・オランダで抗議行動．10.14 帰国
- 9.29 新潟地裁，阿賀野川有機水銀中毒(新潟水俣病)訴訟で原告勝利の判決
- 10. 1 第一勧業銀行発足
- 10.10 NHK総合テレビ，全カラー化
- 10.21 富士通・日立，電算機部門で提携覚書調印．11.24 NEC・東芝，沖電気・三菱電機も各々提携合意．業界，3グループ化する
- 10.25 国連総会，中国招請・台湾追放を可決(**中国の国連復帰決定**)
- 10.25 住友石炭鉱業，北海道の2炭鉱を閉山(炭鉱閉山続く)
- 11.17 自民，衆議院特別委員会で沖縄返還協定を抜打ち強行採決．11.24 衆議院本会議，返還協定承認案を可決．12.22 参議院本会議も可決
- 12. 3 インド・パキスタン，全面戦争(印パ戦争)．12.17 終結
- 12.18 10カ国蔵相会議，金1オンス＝38ドルなどに合意(**スミソニアン合意**)
- 12.19 大蔵省，基準外国為替相場を1ドル＝308円に変更を告示
- 12.24 新宿伊勢丹前の派出所横でクリスマス＝ツリー爆弾爆発
- 12.28 大石武一環境庁長官，東京・大阪両国際空港の騒音規制についての答申を住民本位に修正，運輸相に勧告

昭和47年
1972

日本列島改造＝土地ブーム／戦後2回目のベビー＝ブーム／〈恍惚の人〉(老人問題), 話題になる／パンダ, 大人気

上野動物園のカンカン

第三次佐藤内閣

- 1. 3 日米繊維協定調印
- 1.24 横井庄一元軍曹, 敗戦後27年ぶりにグアム島密林で救出. 2.2 帰国
- 2. 1 静岡県裾野市の東名高速道路で31台玉突き衝突, 25人死傷
- 2. 3 第11回冬季オリンピック札幌大会開催(～2.13)
- 2.19 軽井沢で連合赤軍5人, 人質をとって山荘に籠城. 2.28 機動隊突入, 銃撃戦後, 逮捕(浅間山荘事件)
- 2.21 **ニクソン米大統領, 中国訪問**(～2.27)
- 3. 7 リンチで殺された連合赤軍の凍死体, 群馬県下で発見(3.13までに12死体発見)
- 3.21 通産省, PCB(人体に有害)の生産・使用禁止を関係業界に通達
- 3.21 奈良県明日香村の高松塚古墳で極彩色壁画など発見
- 3.27 社会党, 沖縄返還交渉関連の外務省極秘電報(日本が軍用地補償費を肩代り)を暴露. 4.4 公電漏洩容疑で, 外務省事務官と毎日新聞記者逮捕
- 3.28 国鉄総武線船橋駅で電車追突事故, 重軽傷者758人
- 5.13 大阪・南区の雑居ビルで火災, 118人死亡(わが国最大の火災惨事)
- 5.15 沖縄施政権返還(**沖縄県本土復帰**)
- 5.26 米ソ, SALT Iに調印
- 5.26 閣議, 初の環境白書を了承
- 6. 1 道路交通法改正公布(初心者の若葉マーク取付けなど)
- 6.11 田中角栄通産相, 政権構想の柱として「**日本列島改造論**」を発表
- 6.17 米国, **ウォーターゲート事件**発覚
- 6.22 自然環境保全法公布. 大気汚染防止法・水質汚濁防止法各改正公布(公害無過失損害賠償責任法)
- 6.23 老人福祉法改正公布(70歳以上の医療無料化). '73.1.1 施行
- 6.24 イギリスの変動相場制移行により外為市場閉鎖(6.29 再開). 東証株価暴落(ポンド＝ショック)
- 6.25 屋良朝苗, 沖縄県知事に当選
- 7. 2 社・民・共推薦の畑和, 埼玉県知事に初当選(5番めの革新知事)
- 7. 6 佐藤栄作内閣総辞職
- 7. 7 田中角栄内閣成立

第一次田中角栄内閣

- 7.24 津地裁, 四日市ぜんそく訴訟で6社の共同不法行為を認定, 賠償金支払いを命令(6社控訴断念)
- 8. 2 カシオ計算機, 電卓〈カシオミニ〉発売(電卓普及の先鞭)
- 8. 9 名古屋高裁, イタイイタイ病第1次訴訟で三井金属鉱業の控訴棄却
- 8.26 第20回ミュンヘン＝オリンピック開催. 9.5 選手村でパレスチナ＝ゲリラがイスラエル選手を殺害
- 8.31 ハワイで田中・ニクソン会談(ニクソンがトライスター機導入を希望, ロッキード事件の誘引に)
- 9.25 田中首相, 訪中. 9.29 **日中両国首相, 共同声明に調印, 国交樹立**
- 10. 9 政府, 第4次防衛力整備計画を正式決定(総額4兆6300億円)
- 11. 5 上野動物園でパンダ初公開
- 11.21 SALT II 第1期交渉開始
- 12.10 第33回総選挙(自民271, 社会118, 共産38, 公明29, 民社19, 無14. 社会復調, 共産躍進)
- 12.21 東西両独, 関係正常化基本条約調印
- 12.22 第2次田中内閣成立

1973-1989

昭和48年
1973

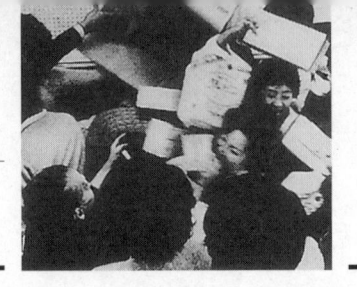

石油ショックで〈省エネ〉の語はやる／振りかえ休日実施／ゴルフ＝ブームでゴルフ場の造成さかん

スーパーでトイレットペーパーやティッシュペーパーに殺到

第二次田中内閣

1. 1 英・デンマーク・アイルランド，ECに加盟(**拡大EC発足**)
1.15 政府，超大型の'73年度予算案決定
1.27 **ベトナム和平協定**調印
2. 5 東京・渋谷駅のコイン＝ロッカーで嬰児の死体発見
2.12 米，ドル切下げなどの対外経済政策を発表(スミソニアン体制崩壊)
2.14 日本，**変動相場制**に移行
2.24 古河鉱業，足尾銅山を閉山．3.31 住友金属，別子銅山を閉山
3.13 国鉄高崎線上尾駅で順法闘争に反発した乗客が暴動．4.24 新宿駅など38駅でも通勤客らが暴動
3.25 江戸川競艇閉幕(都営ギャンブル完全廃止)
4. 2 建設省，'73.1.1現在の地価を発表(前年比30.9％の暴騰)
4.10 田中首相，小選挙区制採用を表明．5.11 野党，国会審議全面拒否．反対デモ広がる．5.16 閣議，公選法改正法案の提出を断念
4.22 社共共闘の本山政雄，名古屋市長に初当選
4.27 閣議，対内直接投資原則全面自由化を決定(例外5業種などを除く)
5. 8 閣議，景気過熱抑制のため'73年度公共事業の大幅繰延べを了承
6.22 米ソ，核戦争防止協定に調印
7. 3 全欧州安全保障協力外相会議開催
7. 6 投機防止法公布
8. 8 韓国元大統領候補金大中，KCIAにより東京のホテル・グランドパレスから拉致(**金大中事件**)
8.27 愛媛県伊方発電所建設に反対する住民，国を相手に初の原発設置取消

第二次田中内閣

し・工事中止を松山地裁に提訴
9. 7 札幌地裁，長沼ナイキ基地訴訟で初の自衛隊違憲判決．9.12 政府控訴
9.14 ガット閣僚会議，東京宣言を採択(多角的貿易交渉)
9.20 衆議院本会議，北方領土返還に関する決議を全会一致で可決
9.21 日本，北ベトナムと国交樹立
9.26 田中首相，訪欧・訪ソに出発．10.10 日ソ共同声明，領土問題を含む平和条約交渉の継続を確認
10. 1 太陽神戸銀行発足
10. 6 **第4次中東戦争**勃発
10.17 ペルシャ湾岸6カ国，原油公示価格21％引上げを決定(12.23 '74.1.1から2倍引上げと発表)／OAPEC，石油減産措置を決定(**石油戦略の発動**)
10.20 社会党，国民連合政権構想を発表(11月にかけて野党各党が政権構想を発表，連合論議活発化)
10.23 エクソン・シェル両社，原油価格30％引上げを通告．翌日，他のメジャーも追随／江崎玲於奈，ノーベル物理学賞決定
10.25 メジャーとサウジアラビア，原油供給量10％削減を通告(**第1次石油ショック**)
10.28 革新に転じた宮崎辰雄，神戸市長に再選(6大市長，全て革新となる)
11. 2 関東・関西でトイレットペーパー買いだめのパニック状況現出
11.16 閣議，石油緊急対策要綱を決定
12.21 中東和平会議開催(～12.22)
12.22 国民生活安定緊急措置法・石油受給適正化法公布，施行

狂乱物価（卸売物価指数31.3％，消費者物価指数34.5％上昇），戦後初のマイナス成長（実質経済成長率，−0.5％），スタグフレーション問題化

昭和49年
1974

商社の買占め売惜しみへの抗議デモ

第二次田中内閣

- 1. 7 田中首相，東南アジア5カ国訪問に出発．1.9 バンコクで反日デモ．1.15 ジャカルタで反日暴動
- 1. 30 日韓大陸棚協定調印
- 2. 19 公正取引委員会，石油連盟と石油元売り12社を独禁法違反で告発
- 2. 25 衆議院予算委員会，商社の悪徳商法，石油の便乗値上げを追及（〜2.27）
- 3. 1 鳥海山，153年ぶりに噴火
- 3. 12 小野田寛郎元少尉，フィリピンのルバング島から30年ぶりに帰国
- 3. 31 インフレ反対国民集会，全国270カ所で130万人参加
- 4. 2 ポンピドー仏大統領没（62歳）．5.19 ジスカールデスタン，大統領に当選
- 4. 7 蜷川虎三，京都府知事に当選．全国初の7選（'78年に引退）
- 4. 11 春闘で**空前の交通スト**（600万人参加，国鉄初の全面運休）．4.13 収拾
- 4. 20 モナ＝リザ展，東京で開催
- 5. 1 建設省，1.1現在の土地価格公示（32.4％上昇，宅地は2年で倍）
- 5. 9 伊豆半島南部で大地震（M6.9），死者30人
- 5. 18 日本消費者連盟結成
- 5. 25 自民党，靖国神社法案を衆議院本会議で単独可決（参議院で廃案）
- 7. 7 第10回参院選（自民62，社会28，公明14，共産13，民社5．**保革伯仲**
- 7. 8 自衛隊機，愛知県小牧市の民家に墜落，死者3人／ブリュッセルで12カ国参加の石油消費国会議開催．7.9 緊急時の相互石油融通措置に合意

第二次田中内閣

- 7. 29 警視庁，参議院全国区で当選の糸山英太郎の選対事務長を逮捕（検挙1287人，逮捕142人で空前の違反）
- 8. 8 **ニクソン米大統領**，ウォーターゲート事件で**辞任**．8.9 副大統領フォード，大統領に就任
- 8. 15 朴正熙韓国大統領，狙撃され，同夫人が被弾，死亡
- 8. 25 全野党支持の前川忠夫，自民現職を破り香川県知事に当選
- 8. 28 神奈川県平塚市の団地で「ピアノがうるさい」と母子3人が刺殺される
- 8. 30 東アジア反日武装戦線，東京・丸の内の三菱重工ビルを爆破
- 9. 1 **原子力船むつ，放射能漏れ**発見
- 10. 6 米議会，ラロック退役少将の日本への核持込み証言を公表
- 10. 8 佐藤栄作，ノーベル平和賞受賞決定
- 10. 20 北海道愛国駅で発売の幸福駅行き乗車券，4月以来300万枚を突破
- 10. 23 丸山千里，〈丸山ワクチン〉を発表
- 10. 31 東京高裁，狭山事件石川被告に無期懲役判決．'77.8.9 最高裁，上告棄却
- 11. 18 フォード米大統領，現職大統領として初の来日．11.19 天皇と会見
- 11. 23 フォード米大統領，訪ソ．11.24 SALT IIに関する共同声明発表
- 11. 26 田中首相，閣議で辞意表明（後継総裁選出で大平・福田両派対立）
- 12. 1 椎名悦三郎自民党副総裁，三木武夫を新総裁とする裁定案を提示．12.4 三木，総裁に選出．12.9 三木内閣成立
- 12. 26 津地検，4月の日本アエロジル四日市工場の塩素流出事故で初めて公害罪法を適用，4人を起訴

——— 55

昭和50年
1975

天皇，10月31日の記者会見で原爆について問われ，「戦争中であることですから，どうも，広島市民に対しては気の毒であるが，やむを得ないことと私は思ってます」と発言／戦後最大の不況

走り廻る暴走族

三木武夫内閣

- 1. 8 福井県美浜原子力発電所第2号炉，放射能漏れで運転中止(この月，原発運転中止相次ぐ)
- 2.26 東京高裁，女子定年制差別に違法判決
- 3. 9 自民党，大阪で「政経文化パーティ」(新形式の党資金集め)
- 3.10 山陽新幹線岡山・博多間開業
- 4. 5 蔣介石没(87歳)
- 4.13 第8回統一地方選挙．美濃部都知事3選，共産党単独推薦の黒田大阪府知事再選，革新の長州一二，神奈川県知事に初当選，保守系14現職知事圧勝
- 4.24 茨城県東海村の動力炉核燃料開発事業団で10人被曝
- 4.26 政府，独禁法改正案を国会に提出．6.24 衆議院本会議，同改正与野党修正案を可決(参議院で廃案)
- 4.30 南ベトナム，サイゴン政府降伏(ベトナム民族解放戦争終結)
- 5. 7 エリザベス女王夫妻来日
- 6.10 佐賀県玄海原子力発電所で，放射能漏れ
- 6.14 警視庁，初の暴走族全国一斉取締り開始
- 6.19 メキシコ市で国連国際婦人年世界会議開会／潜水艦おやしお，瀬戸内海で貨物船と接触(自衛艦と民間船との初の衝突事故)
- 7.15 公職選挙法・政治資金規制法各改正公布．'76.1.1 施行
- 7.16 東京・江戸川区の日本化学工業が埋立投棄した六価クロム汚染が問題化
- 7.17 皇太子夫妻，沖縄訪問．ひめゆりの塔前で火炎びんを投げつけられる

三木武夫内閣

- 7.19 沖縄海洋博開催(～'76.1.18)
- 7.27 共産党と創価学会，相互不干渉・共存の10年協定を公表
- 7.30 欧州安保協力首脳会議開催．8.1 人権と自由尊重のヘルシンキ宣言採択
- 8. 2 三木首相訪米．8.6 韓国の安全が朝鮮半島の安全に緊要との共同声明発表
- 8. 4 日本赤軍，クアラルンプールで米・スウェーデン両大使館占拠，過激派7人の釈放を日本政府に要求．8.5 政府，超法規的措置として5人釈放
- 8.15 三木首相，現職首相として戦後初めて終戦記念日に靖国神社に参拝(私人の資格)
- 8.28 興人，事実上の倒産(負債総額2000億円で戦後最大の規模)
- 9.30 **天皇・皇后，初の訪米**(～10.14)
- 11. 7 '75年度一般会計補正予算成立(**赤字国債増発**，戦後初の歳出減額補正)
- 11.15 **第1回先進国首脳会議**(サミット)，仏・ランブイエ城で開催．11.17 不況克服の国際協調で合意
- 11.20 スペイン総統フランコ没(82歳)
- 11.26 公労協など〈スト権スト〉に突入．12.1 三木首相，法秩序順守が前提と声明．公労協，抗議声明．12.4 スト中止(国鉄，全線史上最長の192時間運休)
- 12. 4 ラオス，王政廃止とラオス人民民主共和国への改称を発表
- 12. 7 フォード米大統領，日米協調の「新太平洋ドクトリン」発表
- 12.24 参院本会議，財政特例法を可決(2兆2900億円の赤字国債発行)

戦後生まれ，総人口の過半数となる／ロッキード事件で〈ピーナッツ〉，流行語となる／日本初の五つ子，鹿児島市で誕生／ジョギング＝ブーム

昭和51年
1976

五つ子誕生

三木武夫内閣

1. 8　周恩来中国首相没(78歳)
1.27　春日一幸民社党委員長，衆院で'33年の〈共産党スパイ査問事件〉を追及
2. 4　米上院の公聴会でロッキード社の国外への巨額の工作資金が問題化(日本へは丸紅などに1000万ドル，ロッキード事件の発端)
2. 6　ロッキード社副会長コーチャン，小佐野賢治も工作に介在し，丸紅を通して200万ドルを政府高官に渡したと証言／野党4党，衆議院予算委員会でロッキード問題を追及開始
2.16　衆議院予算委員会，国際興業社主小佐野賢治・全日空社長若狭得治ら，2.17　丸紅会長檜山広らを証人喚問
3. 2　東アジア反日武装戦線，北海道庁を爆破，死者2人，重軽傷者95人
3. 4　東京地検，児玉誉士夫を臨床取調べ．3.13　脱税容疑で起訴
3.10　ソウル地検，金大中らを政府転覆扇動首謀者として逮捕
4. 5　北京で群衆と軍警が衝突(第1次天安門事件)
4. 7　中国，華国鋒が新首相に就任．鄧小平副主席解任
4.14　最高裁，'72年総選挙の千葉1区の定数不均衡は違憲と判決(選挙は有効)
5. 1　政府，果汁・フィルムの100%資本自由化実施(農林水産業など例外4業種を除き資本自由化完了)
5. 4　熊本地検，水俣病の責任でチッソ元社長・元工場長を起訴
5.13　「三木おろし」工作表面化(7カ月におよぶ党内抗争に発展)
5.14　衆議院ロッキード問題調査特別委員会設置，発足．5.19　参議院も設置

三木武夫内閣

6.13　革新の平良幸市，沖縄県知事に当選
6.15　民法改正により離婚後の姓の自由が認められる
6.22　東京地検・警視庁，丸紅前専務大久保利春ら4人を逮捕
6.25　河野洋平ら，**新自由クラブ結成**
7. 2　ベトナム社会主義共和国樹立宣言(南北ベトナム統一)
7.17　第21回モントリオール＝オリンピック開催(〜8.1)
7.27　東京地検，ロッキード事件で**田中角栄前首相を逮捕**．8.16　受託収賄罪と外為法違反で起訴
8.19　三木首相の退陣を要求する自民党6派，挙党体制確立協議会を結成
8.20　東京地検，ロッキード事件で佐藤孝行元運輸政務次官を逮捕．8.21　橋本登美三郎元運輸相も逮捕
9. 9　毛沢東中国共産党主席没(82歳)
10.13　最高裁，香川県の財田川事件('50年)で初めて死刑囚に再審の道を開く．'84.3.12　無罪確定
10.22　中国，江青女史らを逮捕し，**4人組事件**を公表
10.29　政府，'77年度以降の「防衛計画の大綱」決定．11.5　毎年度の**防衛費をGNPの1%以内**にすると決定
11. 3　民主党カーター，米大統領に当選
11.10　天皇在位50年記念式典開催
11.30　EC首脳会議，対日貿易不均衡是正の宣言採択(輸入制限は回避)
12. 5　第34回総選挙(自民249，社会123，公明55，民社29，共産17，新自ク17，無所属21．自民，8人を追加公認して過半数となる)
12.24　三木内閣総辞職，福田赳夫内閣成立

—— 57

昭和52年
1977

平均寿命，男72.69歳で世界一，女77.95歳でスウェーデンとともに世界一となる／カラオケ＝ブーム

王貞治，本塁打世界記録

福田赳夫内閣

1. 1 EC・カナダ・ノルウェー，**200カイリ漁業専管水域**実施．3.1 米ソも実施（この年，主要各国が実施）
1. 4 国鉄品川駅付近に放置の毒入りコーラを飲み2人死亡
2. 5 EC，日本製ボールベアリングに暫定ダンピング関税賦課
3. 8 米で日本製カラーTVの輸入急増を問題化，4.7 日米政府間で自主規制合意
3.21 インド総選挙でガンジー首相落選．3.24 人民党のデサイ，首相就任
4.16 自民，野党の要求を入れ修正予算案成立（予算案修正は異例）
4.26 革新自由連合発足（代表中山千夏・青島幸男ら）
4.29 ソ連，日ソ漁業条約破棄通告．5.27 日ソ漁業暫定協定調印（領土問題は分離）．6.10 発効
5. 2 領海法・漁業水域暫定措置法公布（200カイリ）．7.1 施行
5. 7 第3回サミット，ロンドンで開催
5. 8 三里塚・芝山空港反対同盟など3700人，鉄塔撤去に抗議，機動隊と衝突，負傷者400人．5.10 抗議支援者1人死亡
5.17 イスラエル総選挙で労働党敗退．6.21 右派連合のベギン内閣成立
5.24 慶大商学部で入試問題漏洩が発覚．7.13 関与した2教授の解職決定
7.10 第11回参院選（自民63，社会27，公明14，民社5，共産5，新自ク3，社市連・革自連・他諸派各1，無所属5）／東京都議選（与野党逆転）
7.16 中国，鄧小平が副主席に復帰
7.23 文部省，「君が代」を国歌と規定，問題化

福田赳夫内閣

8. 3 原水禁統一世界大会開催（14年ぶりの原水協・原水禁の統一大会）
8. 6 福田首相，東南アジア6カ国訪問に出発．8.18 マニラで東南アジア外交3原則を発表
8.18 中国，「**4つの近代化**」明記の新党規約を発表
9. 3 王貞治，756本の本塁打世界記録を達成．9.5 初の国民栄誉賞受賞
9.27 米軍ファントム機，横浜市の民家に墜落，死者2人，重軽傷者7人
9.28 日本赤軍，日航機をハイジャック，ダッカに強制着陸．日本に拘留中の同志ら9人の釈放と身代金600万ドルを要求．9.29 政府，受諾
10. 1 米ソ，中東和平で共同声明発表
10. 4 税制調査会，一般消費税導入を提言
10. 7 ソ連，新憲法を採択，発効（完全軍縮をめざし，人権・自由を重視）
10.29 東京スモン訴訟の和解成立
11. 4 閣議，第3次全国総合開発計画を決定（定住圏構想）
11.19 サダト・エジプト大統領，イスラエル訪問．11.20 イスラエルを承認
11.28 民社党大会，佐々木良作委員長を選出
11.30 米軍立川基地全面返還
12. 5 中小企業倒産防止共済法公布（連鎖倒産防止目的）．'78.4.1 施行
12.13 社会党大会，飛鳥田一雄委員長を選出
12.17 衆議院予算委員会，ソウル地下鉄汚職問題で日韓癒着を集中審議
12.21 閣議，次年度予算編成方針を決定（国債依存度30％以内の線を放棄）

英で世界初の試験管ベビー誕生／〈窓際族〉，流行語に／ファミリー＝レストラン，盛況／ディスコ＝ブーム

昭和53年
1978

ディスコで踊る若者たち

福田赳夫内閣

1. 4　円の対ドル相場，1ドル＝237.9円の戦後最高値を記録(10.31に175.5円を記録，年末は195.1円)
1.10　総理府，初の婦人白書を発表(女性労働人口，全体の37.4％)
1.14　伊豆大島近海地震(M7.0)，死者25人
2.14　円相場高騰関連中小企業対策臨時措置法を施行
2.18　嫌煙権確立をめざす人々の会結成
3. 5　中国，新憲法採択(4つの近代化，台湾解放を明記)
3.16　イタリアで〈赤い旅団〉，モロ前首相を誘拐．5.9 射殺体で発見
3.26　社会民主連合結成(代表田英夫)
4. 9　保守系候補林田悠紀夫，京都府知事に当選(保守，29年ぶりに府政奪還)
4.18　石油税法公布(エネルギー対策財源)
4.27　アフガニスタンでクーデター．4.30 国名，アフガニスタン民主共和国
5.20　新東京国際空港(成田空港)開港式
5.23　初の国連軍縮特別総会開幕
6.12　宮城県沖地震(M7.5)，死者28人
6.14　元号法制化促進国会議員連盟設立
6.22　日韓大陸棚協定発効
7. 5　農林水産省発足(農林省改称)
7.11　環境庁，大気汚染基準を大幅緩和
7.16　第4回サミット，ボンで開催．7.17 インフレなき成長の総合戦略を打出した〈ボン宣言〉を採択
7.27　福田首相，防衛庁に**有事立法**などの研究促進を指示
8. 1　郵便貯金のオンライン化開始
8.12　**日中平和友好条約調印**
8.15　福田首相，靖国神社参拝(「内閣総理大臣」の肩書を記帳，違憲と問題化)
9. 5　福田首相，現職首相として初めて中東の産油4カ国へ出発

福田赳夫内閣

9. 5　米・エジプト・イスラエル中東和平3国首脳会談開催(～9.17)
9.28　日本テレビ，音声多重放送開始
10.17　閣議，元号法制化を決定
10.22　鄧小平中国副首相来日．10.23 鄧，「日米安保・自衛隊増強は当然」と発言．10.23 天皇と会見．天皇，日中関係の過去について「一時，不幸な出来事もあった」と発言
10.26　新日鉄，4製鉄所の9設備休止の合理化案を，11.22 三菱重工，2年間で1万人削減の合理化案を，各労組に提示
11.11　無限連鎖講(ネズミ講)防止法公布
11.26　自民党総裁予備選挙で大平正芳幹事長が1位．11.27 福田首相，本選挙立候補辞退．12.1 大平正芳，新総裁に決定
11.27　第17回日米安保協議委員会，「日米防衛協力のための指針」(ガイドライン)を決定
12. 5　日米農産物交渉妥結(牛肉・オレンジの輸入枠拡大．米，自由化時期明示の要求は撤回)

第一次大平正芳内閣

12. 6　福田内閣総辞職．12.7 大平正芳内閣成立
12.10　自民など推薦の西銘順治，沖縄県知事に当選(革新県政10年で幕)
12.25　ベトナムとカンボジア，カンボジア東部で激戦(～12.28)
12.26　イランのテヘランで反国王デモ激化，暴動に発展，石油輸出停止．12.28 市街戦が展開，石油生産全面停止
12.27　税制調査会，一般消費税試案を答申

— 59 —

昭和54年 1979

前年の円高から反転して円安に／EC, 日本の住宅を「ウサギ小屋」にたとえる／インベーダーゲームがはやる

大規模集合住宅団地開発

第一次大平正芳内閣

- 1. 1 米中, 国交回復
- 1.11 カンボジア人民共和国樹立宣言
- 1.13 初の共通1次試験実施 (～1.14)
- 1.16 イランのパーレビ国王, 亡命 (王政崩壊). 2.1 ホメイニ, パリから15年ぶりに帰国. 2.11 イラン革命成る
- 1.17 国際石油資本, 対日原油供給削減を通告 (第2次石油ショック)
- 1.25 上越新幹線大清水トンネル貫通 (2万2228m, 世界最長の山岳トンネル)
- 2.14 衆議院予算委員会, ダグラス・グラマン航空機不正取引疑惑で日商岩井植田三男社長・海部八郎副社長らを証人喚問. 4.2 東京地検, 海部を逮捕
- 2.17 中国軍, ベトナム侵攻 (～3.16)
- 3.26 イスラエル・エジプト, 平和条約調印
- 3.28 米, スリーマイル島原子力発電所で放射能漏れ事故発生
- 4. 3 中国, 中ソ友好同盟相互援助条約の破棄をソ連に通告
- 4. 8 鈴木俊一, 都知事に, 岸昌, 大阪府知事に当選 (革新都府政に幕)
- 4.22 市町村長・議員選挙, 保守・中道勝利
- 5. 3 英総選挙, 保守党圧勝. 5.4 サッチャー, 先進国初の女性首相に就任
- 5. 8 NEC, PC-8801を発表 (9月発売, パソコンブームの口火となる)
- 5.16 譲渡性定期預金 (CD) の発売開始
- 5.24 衆議院航空機輸入調査特別委員会, 元防衛庁長官松野頼三を証人喚問. 7.25 松野, 議員を辞職
- 6.12 元号法公布, 施行
- 6.18 米ソ, SALT II 条約に調印
- 6.24 カーター米大統領来日. 6.25 天皇と会見
- 6.28 第5回サミット, 東京で開催. 6.29 石油ショックに対処する宣言を採択
- 7.17 防衛庁, 「中期業務見積り」を発表
- 7.18 ニカラグアでソモサ独裁政権崩壊. 7.20 ニカラグア民族解放戦線, 臨時政府樹立を宣言
- 7.20 ジュネーブで国連難民会議開幕 (～7.21). インドシナ難民救済を検討
- 7.27 ガット東京ラウンドのジュネーブ議定書調印 (日本の鉱工業品平均関税率は'87年には約3%まで引下げ)
- 10. 7 第35回総選挙 (自民248, 社会107, 公明57, 共産39, 民社35, 新自ク4, 社民連2. 自民, 10人を追加公認して過半数を維持. 〈40日抗争〉始まる)
- 10.26 朴正熙韓国大統領, 側近に射殺さる
- 10.28 木曽御岳山, 有史以来初めて噴火
- 11. 4 イランで学生が米大使館を占拠, 前国王の引渡しを要求 (イラン米大使館人質事件)
- 11. 6 衆参両院本会議, 決選投票で大平正芳を首相に指名. 11.16 新党人事決定

第二次大平内閣

- 11. 9 第2次大平内閣成立
- 11.13 公明・民社両党の中道政権構想協議会発足. 11.14 社会・公明両党の政権協議委員会初会合
- 11.18 第1回東京国際女子マラソン開催
- 12. 6 韓国, 崔圭夏を大統領に選出
- 12.12 国鉄のリニアモーターカー, 実験で時速504 kmを達成
- 12.13 社会・公明両党, '80年代前半に連合政権樹立を想定し政策協議で合意
- 12.21 衆参両院本会議, 一般消費税反対を決議
- 12.27 ソ連, アフガニスタンへ侵攻

自動車生産台数，世界第1位／粗鋼生産量，資本主義国で第1位／全国的冷夏，穀物被害深刻化／校内・家庭内暴力急増

昭和55年
1980

船積みを待つ輸出用の国産自動車

第二次大平内閣

1. 4　米，ソ連のアフガニスタン介入報復措置発表(穀物輸出の大幅削減など)
1.10　社・公両党，連合政権構想で正式合意
1.18　ソ連大使館員に防衛情報を提供した宮永幸久元陸将補ら逮捕
2.26　海上自衛隊，環太平洋合同演習(リムパック)に初参加／共産党，社会党を右転換と批判．社会党，反論(社共の対立深まる)
2.29　新自由クラブ，田川誠一代表・山口敏夫幹事長を正式決定
3. 6　早大商学部で入試問題漏洩が発覚．3.8 職員ら4人逮捕．3.31 不正合格者9人，入学辞退
4. 1　電気・ガス料金大幅値上げ実施
4. 7　米，禁輸・外交関係断絶などの対イラン制裁措置を発表
4.11　浜田幸一衆院議員，ラスベガス賭博問題で議員を辞職
4.24　閣議，イランへの経済制裁を決定．5.23 第2次制裁決定(～'81.1.23)
4.25　米，イランの米大使館人質救出作戦に失敗／自動車運転手，東京・銀座の道路脇で1億円を拾得．11.9 落し主が現れず所有者となる
5. 4　ユーゴのチトー大統領没(87歳)
5.16　自民主流派欠席の衆議院本会議，内閣不信任案を可決．5.19 衆院解散
5.18　全斗煥将軍ら韓国軍部，金大中らを逮捕，光州市で反政府デモ激化．5.21 デモ隊，全市制圧．5.27 戒厳軍が制圧，死者2000人といわれた (**光州事件**)
5.22　飛鳥田社会党委員長，連合政権実現のため〈非武装中立〉の棚上げを表明

第二次大平内閣／鈴木善幸内閣

6.12　大平首相，入院先で死去(70歳)
6.22　**初のダブル選挙**．衆院：自民284，社会107，公明33，民社32，共産29，新自ク12，社民連3，無所属11．参院：自69，社22，公12，共7，民6，諸派2，無8
6.22　第6回サミット，ベネチアで開催．アフガニスタンからのソ連軍撤退要求を声明．6.23 インフレ抑制・代替エネルギー増大などの宣言を採択
7. 7　自民党最高顧問会議，話合いによる後継総裁選出を決定(鈴木善幸に一本化)．7.17 鈴木内閣成立
7.19　第22回モスクワ＝オリンピック開催(日・米・中国・西独など不参加)
8.14　ポーランドのグダニスク造船所で大規模スト．9.22 自主管理労組〈連帯〉創設を決定(委員長ワレサ)
8.15　鈴木首相ら18閣僚，「私人」として靖国神社に参拝
8.16　国鉄静岡駅前地下街でガス爆発，死者14人，重軽傷者約200人
9. 1　全斗煥，韓国大統領に就任
9. 9　**イラン・イラク本格交戦**．9.22 全面戦争へ
9.11　埼玉県警，所沢市の富士見産婦人科病院理事長北野早苗を無免許診療で逮捕(乱診・乱療が判明)．9.19 斎藤邦吉厚相，政治献金受領で辞任
9.17　韓国軍法会議，金大中に死刑判決
11. 4　共和党レーガン，米大統領に当選
11.29　川崎市で2浪中の予備校生，両親を金属バットで撲殺
12.18　コスイギン・ソ連前首相没(76歳)
12.22　『人民日報』，毛沢東は文化大革命で過り，と名指し批判

昭和56年
1981

ガンが死因第1位('51年以来1位の脳卒中をぬく)／単身赴任者、増加／宅配便取扱個数、郵便小包を抜く

正月休み明けの通勤風景

鈴木善幸内閣

- 1. 1 ギリシャ、ECに加盟(10番目)
- 1.13 工業技術院電子技術総合研究所、超伝導素子SSDを開発
- 1.20 イラン、米人質を444日ぶりに解放
- 1.25 中国、4人組裁判で江青らに死刑判決。'83.1.25 無期懲役に減刑
- 1.30 日産自動車、イギリスで乗用車生産を行うと発表(初の欧州本格進出)
- 2.12 東京・中野区で初の教育委員準公選の郵便投票開始(～2.25). 3.3 任命
- 2.17 EC、対日輸入監視制度導入を声明
- 2.23 ローマ法王ヨハネ＝パウロ2世来日. 2.24 天皇と会見. 2.25 広島で平和アピール発表. 2.26 長崎訪問
- 3. 2 **中国残留日本人孤児**、初の正式来日(～3.16). 47人中26人の身元が判明
- 3. 5 自民党、衆議院予算委員会で'81年度予算案を単独強行可決(29年ぶり)
- 3.11 国鉄経営再建促進特別措置法施行令公布．赤字ローカル線77廃止を規定
- 3.16 臨時行政調査会(**第2次臨調**、会長土光敏夫)初会合
- 3.20 衆議院本会議で武器輸出3原則を再確認／「神戸ポートアイランド博覧会(ポートピア'81)」開幕(～9.15)
- 4. 9 貨物船日昇丸、鹿児島県沖で米原潜に衝突され沈没、2人死亡. 米原潜の救助作業放棄(あて逃げ)が問題化
- 4.18 敦賀原子力発電所で放射能漏れ発見. 以前にも事故、会社の秘匿問題化
- 5. 1 日米、乗用車対米輸出自主規制で合意('81年度は168万台に制限)
- 5. 4 鈴木首相訪米. 5.8 共同声明発表、「同盟関係」を明記. 首相、記者会見でシーレーン1000カイリ防衛を表明／5.12 首相、共同声明の作成経過

鈴木善幸内閣

に不満表明. 5.16 伊東外相、辞任
- 5.10 ミッテラン社会党候補、仏大統領に当選. 6.21 総選挙、社会党圧勝／ワレサ〈連帯〉議長ら、総評の招きで来日
- 5.17 ライシャワー元駐日大使、核積載の米艦船が日本寄港と発言
- 6. 5 衆議院外務委員会、核軍縮決議を採択、非核3原則を確認
- 6.27 中国共産党、胡耀邦の主席昇格を決定、文化大革命を全面否定
- 7.20 第7回サミット、オタワで開催
- 8.14 中央薬事審議会、〈丸山ワクチン〉の現段階での承認は不適当と答申
- 9. 5 三和銀行女子行員、オンラインシステムを悪用して1億3000万円を詐取したことが判明. 9.8 マニラで逮捕
- 10. 6 サダト・エジプト大統領暗殺(62歳)
- 10.10 西独、ボンで中距離核ミサイル配備反対のデモ、25～30万人参加(この年欧州で大規模な**反核デモ**広がる)
- 10.16 北炭夕張新鉱でガス突出事故、93人死亡. 10.23 火災発生のため59遺体を坑内に残し注水
- 10.19 福井謙一、ノーベル化学賞決定
- 10.29 衆院本会議、行革関連特例法案可決(厚生年金等の国庫負担減額など)／社会党、新路線案を決定(「日本における社会主義への道」の見直し)
- 11.25 日本道路公団の発注工事で全国にわたる談合事実判明
- 11.30 米ソ、INF制限交渉開始(～12.17)
- 12.13 ポーランド、戒厳令布告、ワレサ軟禁
- 12.16 経済対策閣僚会議、市場開放など黒字べらしの対外経済対策を決定

輸出総額，30年ぶりに前年より減少／「軽薄短小」の語はやる／エアロビクス，ゲートボール人気

昭和57年
1982

500円硬貨登場

鈴木善幸内閣

- 1.26 東京地裁，ロッキード事件で全日空若狭会長・渡辺元副社長ら6被告に執行猶予付き有罪判決
- 2. 8 東京・千代田区のホテル・ニュージャパン火災（欠陥防火設備に非難集中）
- 2. 9 日航機，着陸直前に羽田空港前の海面に墜落，24人死亡
- 3.21 「平和のためのヒロシマ行動」開催，国連軍縮特別総会に向けた行動アピール，19万人参加．5.23「東京行動」開催，空前の40万人参加
- 4. 1 500円硬貨発行
- 4. 1 日本医師会会長に反武見派の花岡堅而（25年在任の武見太郎，引退）
- 4. 2 アルゼンチン，英国と領有権争い中のフォークランド諸島を占領．5.20英，同島上陸作戦開始．6.14 アルゼンチン軍降伏（フォークランド紛争）
- 4. 8 最高裁，「第2次家永訴訟」の2審判決を破棄，東京高裁に差戻し判決
- 4. 9 西ドイツ各地で反核・平和の「復活祭大行進」（～4.12），48万人参加
- 5. 6 富士通，「マイ・オアシス」発売（75万円，ワープロ普及始まる）
- 6. 7 第2回国連軍縮特別総会開幕（～7.10 東西対立のため，「包括的軍縮計画」の合意なしのまま閉幕）
- 6. 8 東京地裁，元運輸相橋本登美三郎・元運輸政務次官佐藤孝行に有罪判決
- 6.22 FBI，IBM機密情報の不法入手容疑で日立製作所・三菱電機の社員6人摘発／東北新幹線（大宮―盛岡）開業
- 6.29 米ソ戦略兵器削減交渉開始
- 7.23 九州北西部・山口県に豪雨，長崎市の死者行方不明299人．めがね橋，半壊
- 7.26 中国，日本の**教科書検定による歴史**

鈴木善幸内閣

記述に**抗議**，訂正を要望（南北朝鮮・台湾・マレーシアなども抗議）．8.26 政府，「政府の責任で是正」と表明
- 7.31 共産党大会，宮本顕治議長・不破哲三委員長・金子満広書記局長を選出
- 8. 5 広島で原水爆禁止世界大会本大会開催，3万人参加
- 8.24 公職選挙法改正公布（参議院全国区に**拘束名簿式比例代表制**導入）
- 9. 2 国鉄リニアモーターカー，世界初の有人浮上走行に成功（時速206 km）
- 9. 4 沖縄県議会，教科書検定で削除された沖縄戦での日本軍による住民虐殺の記述の回復を求める意見書を採択
- 9.16 鈴木首相，財政危機の実情が非常事態として国民に負担増を要請
- 10. 1 改正商法施行（総会屋への利益供与禁止・新株引受権付社債の発行など）
- 10.12 鈴木首相，退陣を表明
- 10.18 東京地検，岡田茂・三越前社長と懇意で独占的に商品納入を行った竹久みちを脱税容疑で逮捕
- 10.29 警視庁，岡田茂・三越前社長を特別背任容疑で逮捕
- 11. 1 本田技研，米で小型自動車生産開始
- 11.10 ブレジネフ書記長没（75歳）．11.12 後任にアンドロポフ
- 11.12 拘禁中の〈連帯〉議長ワレサ，釈放
- 11.13 米，対ソ経済制裁措置解除を発表
- 11.15 上越新幹線（大宮―新潟）開業
- 11.26 鈴木内閣総辞職
- 11.27 第1次中曽根康弘内閣成立
- 12.13 国連総会，核の凍結と不使用の両決議案を採択（英米仏は反対）
- 12.14 全日本民間労組協議会（全民労協）結成（議長竪山利文），41単産・425万人

―― 63

昭和58年
1983

戦後最長の不況('80年3月〜)終了／パソコン・ワープロ，急速に普及／サラ金，社会問題化／NHKドラマ「おしん」人気／日本初の試験管ベビー誕生

実刑判決を受けた田中元首相

第一次中曽根康弘内閣

- 1.11 中曽根首相，訪韓．1.12 共同声明(「日韓新時代」を確認)
- 1.14 政府，米国へ武器技術の供与を決定
- 1.17 中曽根首相訪米．1.18「日米は運命共同体」と発言．1.19「日本列島不沈空母化・海峡封鎖」発言，問題となる
- 1.24 中曽根首相，施政方針演説で「戦後史の大きな転換点」と強調
- 2. 1 老人保健法施行(70歳以上の医療無料制廃止)
- 2. 4 日本初の実用通信衛星打上げ
- 2.11 横浜市内の公園などで浮浪者を襲った少年逮捕．2.12 中学生ら9人逮捕
- 2.24 大蔵省，超長期国債(期間15年)発行
- 3.14 臨時行政調査会，行政改革に関する最終答申を首相に提出(増税なき財政再建，国債依存からの脱却など)．3.15 同調査会解散．5.23 臨時行政改革推進審議会設置(会長土光敏夫)
- 3.23 中国自動車道全通(吹田一下関)
- 4.10 第10回統一地方選挙(社共推薦の奥田八二，福岡県知事に，社会党推薦の横路孝弘，北海道知事に当選)
- 4.19 自衛隊機，三重県菅島に墜落，14人死亡．4.26 岩国基地近くにも墜落，11人死亡，3人重傷
- 5. 3 米カトリック司教会議，反核・軍縮の教書採択
- 5. 8 サラリーマン新党結成(代表青木茂)
- 5.13 貸金業規制法・金利取締法(サラリーマン金融規制2法)改正公布
- 5.26 日本海中部地震(M7.7)，104人死亡
- 5.28 第9回サミット，米・ウィリアムズバーグで開催
- 6. 8 中曽根首相，国有地の有効利用の検討を大蔵省に指示(地価高騰の引金)

第一次中曽根康弘内閣

- 6.13 愛知県警，戸塚ヨットスクール校長戸塚宏を傷害致死容疑で逮捕
- 6.16 日産自動車，アメリカで小型トラックの生産開始
- 6.26 第13回参院選(自民68，社会22，公明14，共産7，民社6，自ク連2，サラ新2，福祉1，二院ク1，諸派2，無所属1．ミニ政党が善戦)
- 7.15 熊本地裁，免田事件再審裁判で死刑囚に初の無罪判決．7.28 無罪確定
- 8.21 フィリピンのアキノ元上院議員暗殺(50歳)．8.31 葬儀に100万人以上参加．以後，各地に反政府運動広がる
- 9. 1 ソ連，領空内侵入の大韓航空機を撃墜，269人全員死亡(日本人28人)
- 9. 7 社会党大会，石橋政嗣委員長・田辺誠書記長を選出
- 10. 3 三宅島大噴火，溶岩流で400戸焼失
- 10. 9 ビルマのラングーンで爆弾テロ，韓国副首相ら21人死亡
- 10.12 東京地裁，ロッキード事件の田中角栄に受託収賄罪などで懲役4年・追徴金5億円の実刑判決
- 10.15 西独で「反核行動週間」始まる．10.22 30万人の〈人間の鎖〉が米軍基地包囲．世界各地で反核運動高まる
- 10.25 米軍，グレナダに侵攻
- 11. 9 レーガン大統領来日，天皇と会見．中曽根首相と会談，円安・ドル高是正のための協議機関設置などで合意．11.10 日本の防衛努力の強化を要請
- 12.18 第37回総選挙(自民250，社会112，公明58，民社38，共産26，新自ク8，社民連3，無所属16)．12.26 自民・新自ク，統一会派を結成
- 12.27 第2次中曽根内閣成立

アフリカで飢餓深刻化／働く主婦，全体の半数をこえる／農業にバイオ＝テクノロジーの波／写真週刊誌戦争，過熱（FF現象）／ひとり暮らし老人，史上初めて100万人突破

昭和59年
1984

全・中曽根日韓首脳会談

第二次中曽根内閣

1. 5　中曽根首相，現職首相として戦後初の靖国新春参拝
1.19　国連食糧農業機関（FAO），アフリカの24カ国1億5000万人が飢餓状態にあると発表
2. 9　アンドロポフ・ソ連共産党書記長没（69歳），後任，チェルネンコ
2.13　衆院予算委員会，防衛費のGNP 1％枠問題で紛糾．2.14「1％枠をまもる」の首相答弁で再開
3.23　中曽根首相，中国訪問（～3.26）．経済協力・朝鮮半島問題を討議．4.30　インド・パキスタン訪問（～5.6）
3. 一　アフリカの飢餓，重大局面に．モザンビークでは10万人以上が餓死
4. 7　社会党代表団（団長石橋委員長）訪米（～4.17）
4.13　自民党総務会，靖国神社の公式参拝を合憲とする党見解を決定
4.26　レーガン大統領，中国訪問（～5.1）．4.28　鄧小平と会談．米は中国の4つの近代化，中国は米の軍事力増強をそれぞれ支持
5. 8　ソ連，ロサンゼルス＝オリンピックに不参加を表明．東欧諸国も同調
5.15　自民党安全保障調査会，防衛費のGNP 1％枠見直しの検討に着手
6. 7　第10回サミット，ロンドンで開催
6.11　イタリアのベルリンゲル共産党書記長没（62歳）
6.14　横浜地裁，外国人登録法の指紋押捺を拒否したアメリカ人女性に対し，罰金刑判決を言い渡す．8.29　東京地裁，在日韓国人に対しても有罪判決．「ひとさしゆびの自由」問題となる

第二次中曽根内閣

7. 4　安倍外相，中国人・韓国人の名前を現地読みとするよう外務省に指示
7.28　第23回ロサンゼルス＝オリンピック開幕（～8.12），ソ連など不参加
8. 6　自民党安全保障調査会の法令整備小委員会，〈スパイ防止法案〉を作成
8.10　国鉄再建監理委員会，中曽根首相あて第2次緊急提言で，初めて国鉄の分割・民営化の方向を明示
8.21　臨時教育審議会発足（会長岡本道雄）．9.5　第1回総会
8.24　トヨタ自動車，製造業初の「5兆円企業」（売上高）となる
9. 6　全斗煥韓国大統領来日（～9.8）．宮中晩さん会で天皇，「両国の間に不幸な過去が存したことは誠に遺憾」と述べ，全大統領は「厳粛な気持ちで傾聴」と表明．9.8「日韓両国の関係史に新しい章を開くもの」との共同声明発表
9.18　石橋社会党委員長，北朝鮮を訪問（～9.22）．9.20　金日成主席と会談
11. 1　第2次中曽根改造内閣成立／日銀15年ぶりに新札発行．1万円札（福沢諭吉），5000円札（新渡戸稲造），1000円札（夏目漱石）の3種
11. 6　レーガン米大統領再選
11.11　神奈川県逗子市長選挙で，米軍住宅建設反対派の富野暉一郎が初当選
12.17　宮本日本共産党議長とチェルネンコ・ソ連共産党書記長，核兵器廃絶をめざす共同声明に合意（モスクワ）
12.20　電電公社民営化法成立
12.21　自民党防衛力整備小委員会，防衛費のGNP 1％枠見直しの提言を決定

65

昭和60年
1985

金融の自由化すすむ／日本の対外純資産，1298億ドルで世界第1位／小・中学校で「いじめ」増加／〈新人類〉流行語となる／ファミコン＝ブーム

中曽根首相，靖国神社公式参拝

第二次中曽根内閣

- 1. 2 中曽根首相，レーガン大統領とのロサンゼルス会談でSDI（戦略防衛構想）に理解を表明
- 1.13 中曽根首相，オーストラリアなど大洋州4カ国歴訪に出発（〜1.20）
- 1.17 社会党定期大会，ニュー社会党の路線をめぐって論議
- 1.27 竹下登を中心とする創政会結成の動き表面化．2.7 40人で初会合，田中派分裂へ
- 2. 1 フィリピンでアキノ暗殺事件初公判
- 2.27 **田中元首相，脳こうそくで入院**
- 3.10 チェルネンコ・ソ連共産党書記長没（73歳）．後任に54歳のゴルバチョフ就任
- 4. 1 日本電信電話株式会社（NTT），日本たばこ産業株式会社発足
- 4. 9 中曽根首相，貿易摩擦緩和のためテレビで「外国製品を1人100ドルずつ買ってほしい」と国民に呼びかけ
- 4.23 民社党定期大会（〜4.25）．佐々木良作委員長辞任，塚本三郎委員長選出
- 4.26 全斗煥・レーガン会談（ワシントン）．全大統領，'88年の政権平和移譲を約束
- 5. 2 第11回サミット，ボンで開催．5.4 日本の市場開放などの共同宣言発表
- 5. 8 ヴァイツゼッカー西独大統領，敗戦記念日に「歴史を記憶せよ」と演説
- 5.17 男女雇用機会均等法案，衆院通過
- 6.11 社会党が新宣言案．党の性格を国民政党とし，現実主義路線を採用
- 6.11 米上院，日本に1000カイリシーレーン防衛を'80年代末までに達成するよう要求する決議可決
- 6.22 東京・平河町の田中角栄事務所閉鎖．田中派，領袖の地位を放棄

第二次中曽根内閣

- 6.24 参議院，女子差別撤廃条約を承認
- 7. 7 東京都議選．自民が勝ち，社会大敗．投票率は過去最低の53.5％
- 7.12 天皇，歴代最長寿（3万0756日）に
- 7.26 アフリカのナイロビで「国連婦人の10年」最終年世界婦人会議ひらく
- 7.27 中曽根首相，自民党の軽井沢セミナーで**「戦後政治の総決算」**を主張
- 8.12 羽田発の日本航空大阪行きジャンボ＝ジェット機ボーイング747SR，群馬県御巣鷹山の山中に**墜落・炎上．520人死亡**，単独機としては世界最大の飛行機事故
- 8.15 中曽根首相，歴代首相としては初めての靖国神社公式参拝
- 9.18 柳条湖事件54周年記念日に北京で大学生らが反中曽根デモ
- 9.20 中国外務省スポークスマン，「靖国公式参拝は中国人民の感情を傷つけた」との談話発表
- 9.22 米・日・西独・英・仏5カ国蔵相・中央銀行総裁会議．ドル高修正のための為替市場への協調介入強化で合意（G5，**プラザ合意**）．円高進行の契機になる
- 10.10 ソ連最高会議代表団，中ソ関係悪化以来初めて，中国訪問
- 10.11 閣議，国鉄の'87年4月の6分割・民営化を決定
- 10.18 中曽根首相，靖国神社の秋の例大祭参拝を見送り
- 11.19 レーガン・ゴルバチョフ，**米ソ首脳会談**（〜11.20 ジュネーブ）
- 12.20 衆院内閣委員会理事会，自民党提出（6.25）の国家秘密法案廃案

都心で地価高騰，地上げ，社会問題化／円高・ドル安，さらにすすむ／財テク＝ブーム

昭和61年
1986

地上げで都心に駐車場が目立つ

第二次中曽根内閣

1.12 中曽根首相，カナダ訪問（～1.15）
1.22 社会党，西欧型社会民主主義へ路線転換した「新宣言」採択
1.28 米のスペースシャトル〈チャレンジャー〉，**爆発**．乗組員7人全員死亡
2. 1 東京・中野区の鹿川裕史（中2），いじめを苦に自殺．東京法務局が調査
2.14 フィリピンの大統領選，国会集計でマルコス当選．不正選挙追及の声高まる．2.22 エンリレ国防相ら，マルコスの退陣要求．2.24 コラソン＝アキノ派臨時政府樹立．2.25 マルコス国外脱出（**フィリピン革命**）
4. 1 **男女雇用機会均等法施行**
4. 7 経済構造調整研究会，「内需主導の経済構造転換」を求めた報告書（**前川リポート**）を首相に提出
4.26 ソ連の**チェルノブイリ原子力発電所で大事故**．5.4 日本でも放射能検出．原子力汚染の恐怖，広がる
4.29 政府主催の天皇在位60年記念式典
5. 1 衆院議員の稲村左近四郎（自民）と横手文雄（民社），撚糸工連事件で起訴
5. 4 第12回サミット，東京で開催
5.14 ロッキード事件の佐藤孝行衆院議員，2審も有罪判決．5.16 元運輸相橋本登美三郎も2審有罪判決
5.22 8増7減の衆議院定数是正の公職選挙法改正案，参院で可決
5.29 住友銀行と平和相互銀行，合併契約に調印
6.14 中曽根首相，大型間接税は「やる考えはない」と言明
7. 6 衆院・参院ダブル選挙で**自民大勝**．衆院で自民304，社会85，公明56，共産26，民社26．参院で自民142，社会41，公明24，共産16，民社12

第三次中曽根内閣

7.22 第3次中曽根内閣成立
7.25 教科書問題に関する藤尾正行文相の発言に，日韓両国内から厳しい批判．9.5「日韓併合は韓国にも責任」と文相再発言．9.8 藤尾文相罷免
8.15 新自由クラブ，解散決定
8.27 無期懲役の梅田義光（梅田事件）に対し，無罪判決確定
9. 9 政府，米SDI研究に参加を決定
9.20 中曽根首相，ソウルのアジア大会に出席し，全大統領に藤尾発言を陳謝／ガット閣僚会議，新貿易交渉の開始を宣言（ウルグアイ＝ラウンド）
9.22 中曽根首相，「アメリカには黒人などがいるので知識水準が低い」と発言．米国内で強い反発．9.27 首相陳謝
10.11 レーガンとゴルバチョフ，アイスランド・レイキャビクで米ソ首脳会談．SDI問題で物別れ
10.29 NTT，1株を119万7400円で売出し
10.31 中央公害対策審議会，大気汚染指定地域の全面解除などを答申
11. 8 中曽根首相訪中，平和友好・平等互恵などの日中4原則を再確認
11.15 三井物産若王子信行，マニラ市郊外で誘拐される
11.21 伊豆大島の**三原山噴火**，全島約1万人が島外へ避難
11.28 国鉄分割・民営化関連8法が成立
12. 5 公明党大会で矢野絢也委員長，大久保直彦書記長の新体制が発足
12.19 老人医療費の自己負担引上げなどの改正老人保健法成立
12.30 '87年度政府予算案決定，**防衛費がGNPの1％枠突破**

—— 67

昭和62年
1987

〈円高不況〉／地価高騰つづく，郊外にも波及／ソ連で〈ペレストロイカ〉／「超伝導」ブーム

国鉄分割・民営化

第三次中曽根内閣

- 1.10 中曽根首相，フィンランド・東欧を歴訪(～1.17)
- 2. 4 政府，売上税法案を国会に提出
- 2.21 5ヵ国蔵相・中央銀行総裁会議(G5)開催．2.22 G7開催．為替レートの安定化で合意(**ルーブル合意**)
- 3. 8 売上税争点の参議院岩手補欠選挙で，社会党候補小川仁一が圧勝．売上税反対運動高まる．4.23 売上税法案が事実上廃案に
- 3.13 外国人の指紋押捺を1回の原則とする外国人登録法改正案を閣議決定
- 3.27 米政府，日本が日米半導体協定に違反しているとして対日制裁措置発表
- 3.31 若王子信行三井物産マニラ支店長，137日目に無事保護．'89.2.9 没
- 4. 1 **国鉄分割・民営化**．JRグループ11法人と国鉄清算事業団が発足
- 4.12 第11回統一地方選挙．北海道(横路孝弘)，福岡(奥田八二)の知事選で革新系圧勝．道府県議選も自民不振
- 4.21 新行革審発足(会長大槻文平)
- 4.23 経済審議会，「構造調整の指針」(新前川リポート)を提出
- 5. 3 朝日新聞阪神支局に覆面男が侵入し発砲．記者1人死亡，1人重傷
- 5.15 通産省，ココム違反の東芝機械に対共産圏への1年間輸出禁止処分．7. 1 東芝の会長と社長が辞任
- 6. 8 第13回サミット，ベネチアで開催
- 6.15 広島高裁，男女間の定年年齢格差の段階的解消は違憲と判決
- 6.29 韓国与党の盧泰愚民正党代表，**大統領直接選挙制**回復など民主化要求受入れを声明，この月反政府デモ拡大．10.27 直接選挙制，国民投票により確定
- 7. 1 生産者米価('87年産)，31年ぶりに引下げ．10.28 米価審議会，13年ぶりに消費者米価引下げを答申
- 7.16 政教分離を争った「箕面訴訟」の控訴審で合憲判決．住民側逆転敗訴
- 7.21 米上院，東芝製品禁輸などの包括貿易法案を可決
- 7.29 東京高裁，ロッキード裁判で田中角栄に懲役4年の判決
- 8. 4 共産党幹部宅電話盗聴事件で，東京地検が盗聴未遂警官2人を起訴猶予
- 8. 7 臨教審(第4次)最終答申
- 9.18 天皇の腸に疾患判明．9.22 入院，沖縄訪問中止．10. 7 退院
- 9.25 中曽根首相，タイ訪問(～9.27)
- 10.12 利根川進，ノーベル医学生理学賞決定
- 10.19 ニューヨーク株式市場で株価大暴落．下落率22.6％で'29年恐慌を上回る(**暗黒の月曜日**)．10.20 東京株式市場も過去最大の下げ幅を記録
- 10.20 中曽根首相，次期総裁に竹下登指名
- 10.26 沖縄国体で，日の丸掲揚と君が代斉唱が問題となる

竹下登内閣

- 11. 6 竹下登内閣成立
- 11.18 日本航空が完全民営化
- 11.20 全日本民間労組連合会(連合)が発足．55単産，約540万人参加
- 11.29 大韓航空機ビルマ上空で行方不明(12.15 蜂谷真由美＝金賢姫，韓国に連行)／共産党委員長に村上弘選出
- 12. 7 ゴルバチョフ訪米，レーガン米大統領との間で **INF全廃条約**に調印
- 12.15 竹下首相，ASEAN首脳会議出席
- 12.17 民正党の盧泰愚，韓国大統領に当選

非核宣言自治体数，1315で世界一に／反原発運動，広がる／NICSからNIES（新興工業経済地域）へ呼称変更／NIESからの製品輸入急増

昭和63年
1988

銀座のリクルート本社

竹下登内閣

- 1.12 竹下首相，初訪米．1.13 レーガン大統領との首脳会談で，「世界に貢献する日本」を約束
- 1.13 台湾の蔣経国総統没（77歳）
- 1.25 盧泰愚韓国第13代大統領，就任
- 2.2 ガット理事会，日本の農産物輸入の自由化勧告を採択（農産物関係で初の対日勧告）
- 3.13 世界最長の青函トンネルで，本州と北海道を結ぶJR津軽海峡線開業．青函連絡船，80年の歴史に幕
- 3.18 日本初の屋根つき球場〈東京ドーム〉，オープン
- 3.24 中国・上海で修学旅行列車衝突．高知学芸高の1年生と引率の教諭ら27人死亡
- 4.1 「マル優」制度を廃止，預貯金利子に一律20％課税／国土庁，'88.1.1現在の地価公示を公表．東京圏住宅地の対前年上昇率，68.6％で史上最高
- 4.10 世界最長の道路・鉄道併用橋，瀬戸大橋開通
- 4.14 **アフガン和平協定調印**．5.15 ソ連軍，アフガニスタンから撤退開始
- 5.8 仏大統領選で，ミッテラン再選
- 5.11 東京地検，政府広報汚職で前総理府管理室長橋本哲曙らを逮捕
- 5.13 奥野誠亮国土庁長官，「靖国参拝・中国への侵略否定」発言で内外の反発を買い，辞任
- 5.29 レーガン・ゴルバチョフ，米ソ首脳会談．6.1 中距離核戦力（INF）全廃条約の批准書交換，両国のミサイル廃棄など始まる
- 5.31 第3回国連軍縮特別総会（**SSDⅢ**）開幕（～6.26）．6.11 SSDⅢを支援する「全米連合」主催の反核デモ，世界各地から20万人参加
- 6.1 竹下登首相，ニューヨークの第3回国連軍縮特別総会で演説／亡夫の自衛官を護国神社に合祀したのは憲法の「信教の自由」に違反するとしたクリスチャンの妻の訴えを，最高裁棄却
- 6.2 奈良県斑鳩町の藤ノ木古墳の朱塗りの石棺発掘．10.8 石棺を開く．1400年前の2人の被葬者と金銅製の冠・沓などの副葬品を公開
- 6.18 川崎市助役，リクルートの未公開株譲渡で，約1億円の利益をあげていたことが発覚（**リクルート疑惑事件**の発端）．以後，リクルート疑惑で，7.6 森田康日本経済新聞社長が辞任，11.4 公明党池田克也代議士が党役員辞任，11.8 社会党上田卓三代議士が衆院議員辞職，11.28 丸山巌読売新聞副社長が辞任
- 6.19 貿易摩擦の焦点となっていた**牛肉・オレンジの輸入問題**，佐藤隆農水相とヤイター米通商代表の閣僚交渉で決着（3年後の自由化を約束）／第14回サミット，トロントで開催
- 6.27 「明電工」脱税事件で，元相談役中瀬古功ら，東京地検に逮捕
- 7.1 文部省，臨教審答申を受け，「生涯学習体系への移行」推進のため「生涯学習局」を発足
- 7.3 米艦がペルシャ湾で，イラン旅客機を撃墜，290人全員死亡．7.18 イラン，対イラク戦争の即時停戦を求めた国連決議受入れを発表．8.20

— 69 —

昭和63・64年
1988・89

リクルート疑惑広がる／自粛ムード／ビルマ全土で反政府運動／子ども（15歳以下）人口，初めて総人口の2割を切る／交通事故死，13年ぶりに1万人突破

昭和天皇死去

竹下登内閣

- イラン・イラク戦争停戦
- 7.23 横須賀港沖で海上自衛隊の潜水艦「なだしお」と大型釣り船第一富士丸衝突，釣り客30人死亡．8.24 瓦力防衛庁長官，辞任
- 8. 3 米上院，**包括貿易法案**可決．8.23 レーガン大統領，署名・成立（保護主義的条項・対日強硬条項を含む）
- 8.25 竹下首相訪中，李鵬首相との会談で，総額8100億円の第3次円借款など合意．8.30 帰国
- 9.17 第24回ソウル＝オリンピック開催（～10.2）．9.27 陸上男子100m優勝のベン＝ジョンソン，ドーピング＝テストの結果，金メダル剥奪
- 9.19 **裕仁天皇**，吹上御所で**吐血，以後重体**，自粛ムードつづく．平癒祈願の記帳者，全国で300万人に達す
- 9.29 米スペースシャトル，事故から2年8カ月ぶりに打上げ成功，4日後に生還
- 10. 4 ベトナムの二重体児・ベトちゃんドクちゃん，分離手術
- 10. 5 チリで，15年間軍事独裁を続けた**ピノチェト大統領に対し，「ノー」の国民投票**
- 10.20 社民連楢崎弥之助代議士から贈賄罪で告発されたリクルートコスモスの松原弘前室長逮捕
- 10.31 神奈川県逗子市長選で富野暉一郎3選
- 11. 4 三菱重工・川崎重工など日本企業9社，SDI初受注
- 11. 8 共和党ブッシュ，米大統領に当選
- 11. 9 米のミサイル駆逐艦，東京湾入り口の訓練禁止区域で海上保安庁の巡視船付近に射撃弾を発射．11.10 判明

竹下登内閣

- 11.15 パレスチナ民族評議会，パレスチナ独立国家の樹立を宣言．イスラエルは反発／ソ連初のスペースシャトル〈ブラン〉，初飛行に成功
- 11.21 改正議院証言法成立／江副浩正リクルート前会長，国会喚問．12.9 宮沢蔵相辞任．12.14 真藤恒NTT会長辞任
- 11.23 全斗煥前韓国大統領，光州事件や一族の不正を追及されて，国民に謝罪．約23億6000万円の全財産を国に返納，山寺へ落郷
- 11.27 横綱千代の富士，53連勝でストップ
- 12. 6 税政改革6法案，自公民の賛成で衆議院通過
- 12. 7 ソ連・アルメニアで大地震，5万人以上が死亡
- 12.24 **消費税法案**，参議院で成立．社共両党，25時間におよぶ牛歩戦術で抵抗
- 12.27 竹下改造内閣成立．12.30 長谷川峻法相，リクルート社からの政治献金が明るみに出て，わずか4日で辞任．後任に元法制局長官の高辻正己
- 1. 7 **裕仁天皇没（87歳）**

1989-2003

平成元年
1989

天皇制に関する議論盛んに／東欧諸国・社会主義政権崩壊／〈ジャパン＝バッシング〉／〈セクハラ〉

大喪の礼が近づき厳重な警備が敷かれる新宿御苑

竹下登内閣

- 1. 7 **皇太子明仁，皇位継承**．1. 8 **平成と改元**．1. 9 即位後朝見の儀，天皇，日本国憲法を守り責務を果たすと述べる
- 2.12 リクルート事件後初の国政選挙の参院福岡選挙区補欠選挙で社会党大勝，以後地方選で自民党苦戦
- 2.15 ソ連軍，アフガニスタン撤退完了
- 2.17 国民の祝日法改正公布．旧天皇誕生日（4月29日）を「みどりの日」に，12月23日を天皇誕生日に
- 2.24 昭和天皇大喪の礼，新宿御苑で実施．164カ国の元首級代表参列
- 3.30 竹下首相，衆院予算委員会で北朝鮮に対し「過去に深い反省と遺憾」を表明，直接対話を要望
- 4. 1 **消費税スタート**．税率3％
- 4.15 胡耀邦中国共産党前総書記没，各地で追悼集会（民主化運動に発展）．5.13 学生ら天安門広場でハンストに入る．5.17 広場に100万人．5.20 北京に戒厳令．5.23 北京で「李鵬首相退陣」を要求して100万人デモ
- 4.25 竹下首相，リクルート事件等で高まった政治不信の責任をとり辞任表明

宇野宗佑内閣

- 6. 2 竹下内閣総辞職，宇野宗佑内閣成立
- 6. 3 中国当局，〈反革命暴乱〉発生と断定．戒厳部隊，深夜に北京市街中心部に進出・発砲．6.4 未明に天安門広場を占拠中の学生・市民を装甲車・戦車で制圧（第2次**天安門事件**）
- 6.24 中国共産党13期4中全会，趙紫陽総書記を解任，江沢民を総書記に選出
- 7. 2 東京都議会議員選挙．社会36（3倍），自民43（20減）
- 7.14 第15回サミット，アルシュで開催
- 7.23 第15回参院選（与野党の議席逆転．社会躍進，自民過半数を割る）
- 7.24 宇野首相，参院選惨敗と女性問題で退陣表明

第一次海部俊樹内閣

- 8. 9 海部俊樹内閣成立（蔵相橋本龍太郎，外相中山太郎，女性の高原須美子・森山真弓入閣）．自民党幹事長に小沢一郎
- 9. 4 日米構造協議(SII)開始
- 9.27 ソニー，米映画会社コロンビアの買収を発表．11.6 買収完了，買収費34億ドル
- 10.28 チェコスロバキアのプラハで民主化要求の2万人デモ．11.22 全土でゼネスト開始．12.28 〈プラハの春〉で失脚したドプチェク，連邦議会議長に就任．12.29 詩人で反体制派のハベル，大統領に就任
- 11. 6 アジア太平洋経済協力会議(APEC)発足
- 11. 9 〈ベルリンの壁〉撤去始まる
- 11.20 国連，子どもの権利条約を採択．'94.4.22 日本批准
- 11.21 日本労働組合総連合会（連合）発足（798万人，**総評解散**）
- 12. 2 米大統領ブッシュ就任後初の米ソ首脳会談（マルタ島）．12.3 両首脳，共同記者会見で東西冷戦の終結と「新時代の到来」を確認
- 12.15 国連，**死刑廃止条約を採択**
- 12.22 ルーマニアのチャウシェスク独裁政権崩壊．12.25 大統領夫妻処刑
- 12.29 東証平均株価，3万8915円の史上最高値

海外渡航者1000万人を突破／総人口中子どもの割合過去最低に／大学・短大進学者総数，初めて女子学生数が男子学生数を上回る／〈3K〉(きつい・汚い・危険)

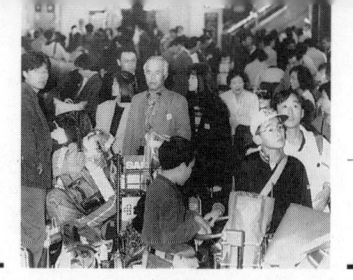

平成2年
1990

家族連れでにぎわう成田空港

第一次海部俊樹内閣／第二次海部内閣

- 1.18 本島等長崎市長，市庁舎前で狙撃され胸部貫通の重傷
- 2.2 デクラーク南アフリカ大統領，黒人解放運動などの非合法政治組織の合法化，終身刑の活動家マンデラの無条件釈放を発表．2.11 釈放（28年ぶり）
- 2.18 第39回総選挙（自民275で安定多数を確保，社会136で躍進）
- 2.28 第2次海部内閣成立．中山外相，橋本蔵相は留任，内閣官房長官坂本三十次
- 3.10 イタリア共産党臨時大会，進歩勢力を結集する新党結成を呼びかけたオケット書記長提案を採択（イタリア共産党70年の歴史に幕）
- 3.15 ゴルバチョフ，ソ連初代大統領就任
- 3.20 日銀，公定歩合5.25％（1％引上げ）．8.30 6％（8年8カ月ぶり）．高金利時代へ
- 3.27 大蔵省，地価高騰への対策として金融機関に不動産融資の総量規制を通達．4.1 実施
- 4.1 三井・太陽神戸銀行合併，太陽神戸三井銀行誕生（'92.4 さくら銀行に）
- 5.15 銀座の小林画廊，大昭和製紙名誉会長斎藤了英の依頼でゴッホ〈ガシェ博士の肖像〉を競売史上最高の約125億円で落札（ニューヨーク）
- 5.27 ミャンマー総選挙（30年ぶり複数政党制選挙）．反政府派の全国民主連盟圧勝（指導者スー＝チー女史は軟禁）
- 6.10 ペルー大統領選，日系のフジモリ前国立農科大学長当選
- 6.28 日米構造協議決着（'91年度から公共投資10カ年計画，総額430兆円，大店法・独禁法改正など米側主張を受入れる．米側，財政赤字解消に努力を約束）
- 6.29 天皇の次男礼宮文仁・川嶋紀子結婚，秋篠宮家を創設
- 7.9 第19回サミット，ヒューストンで開催
- 8.2 イラク軍，クウェートに侵攻
- 8.4 ブッシュ米大統領，海部首相にイラク制裁への同調を要請．8.5 政府，石油の輸入禁止，経済協力凍結などの制裁を決定．8.29 海部首相，中東支援策を発表．民間航空機による食糧・医薬品等の輸送，医療協力団の派遣，紛争周辺国への経済援助など．8.30 政府，10億ドルの多国籍軍支援を行うと政治決断．9.14 政府，第2次中東支援策を決定．多国籍軍追加支援10億ドル，紛争周辺国エジプト・トルコ・ヨルダンに20億ドルの経済援助
- 10.1 東証株価，2万円を割る．'89年12月29日の史上最高値3万8915円から9カ月で約50％，時価総額590兆円（世界一）から319兆円に減少（**バブル経済崩壊**）
- 10.2 **東西両ドイツ，国家統一**
- 11.12 天皇，即位の礼
- 11.13 協和・埼玉銀行，合併を発表．'91.4.1 埼玉協和銀行発足（'92.9 あさひ銀行に）
- 11.18 沖縄県知事選，大田昌秀琉球大名誉教授当選．12年ぶりに革新県政へ
- 12.25 中国共産党13期7中全会，**鄧小平の改革・開放路線**を確認

——— 73

平成3年
1991

雲仙普賢岳の大火砕流

地価下落始まる／証券・金融スキャンダル相次ぐ／小・中学生の「登校拒否」社会問題化／大学生数200万人を突破／湾岸戦争，連日のテレビ実況中継

第二次海部内閣

1.17 米軍を主体とする多国籍軍，イラクの首都バグダッドやクウェート内の戦略拠点に航空機1000機，巡航ミサイル100発で波状空襲.〈砂漠の嵐〉作戦(**湾岸戦争**始まる)
1.24 政府，湾岸支援に90億ドル(約1兆2000億円)の追加資金協力を行う
2. 3 第20回イタリア共産党大会，左翼民主党として再出発を決定
2.23 皇太子徳仁，立太子の礼／タイ国軍，クーデタ．チャチャイ首相を拘禁，戒厳令を布告
2.24 多国籍軍地上部隊，イラク・クウェート侵攻．2.27 クウェート全土を制圧，ブッシュ大統領「勝利宣言」．4.11 国連安保理，湾岸戦争終結を確認
4. 1 牛肉・オレンジ輸入自由化開始
4. 7 東京都知事選挙．鈴木俊一(自民都連推薦)，自公民3党推薦の磯村尚徳(元NHK特別主幹)らを破り4選
4.24 閣議，自衛隊のペルシャ湾への掃海艇派遣を決定(初の**自衛隊海外派遣**)
5. 9 韓国の反政府デモ拡大，警官と衝突．5.10 国家保安法改正法案，強行可決．市民・学生の反対行動激化(ソウル・釜山・光州で参加者20万人)．5.22 盧在鳳首相引責辞任
5.14 江青(故毛沢東夫人，無期懲役)，北京で自殺
5.15 育児休業法公布
5.19 長崎県の雲仙普賢岳で大火砕流発生(死者・行方不明43人)．9.15 最大規模の火砕流，170棟以上消失
6.12 ソ連ロシア共和国大統領選挙．エリツィン同国最高会議議長当選．7.10 大統領就任

6.24 田淵義久野村証券社長，大口顧客への損失補塡等で引責辞任
6.30 文部省，教科書検定結果を公表(新学習指導要領などによる初の検定)．〈君が代〉は国歌，〈日の丸〉は国旗と明記．東郷元帥ら42人の人物指定
7. 1 ワルシャワ条約機構解体
7.15 第17回サミット，ロンドンで開催
7.31 米ソ，戦略兵器削減条約(START)調印
8.19 ソ連保守派，ゴルバチョフ大統領を拘禁．エリツィン・ロシア共和国大統領，抵抗を指示．8.22 首謀者8人を逮捕(クーデタ失敗)
8.24 ゴルバチョフ・ソ連共産党書記長辞任．8.25 **ソ連共産党解散**
8.25 宇宙開発事業団，放送衛星〈ゆり3号b〉の打上げに成功(種子島)
9.16 フィリピン上院，米軍スービック海軍基地の継続使用を否決
9.17 国連総会，北朝鮮・韓国・バルト3国などの加盟を全会一致で承認
9.24 経企庁，景気拡大続き9月に過去最長の〈いざなぎ景気〉を超えると発表
10.14 橋本蔵相，証券・金融不祥事等で引責辞任
11. 5 宮沢喜一内閣成立

宮沢喜一内閣

12. 3 PKO協力法案衆議院本会議通過．12.20 参議院不成立(継続審議)
12.11 欧州共同体(EC)首脳会議(マーストリヒト)．'99年までに単一通貨統合で合意(**欧州連合〔EU〕創設**)
12.26 ソ連最高会議，**ソ連邦消滅**を宣言．12.30 独立国家共同体(CIS)として活動開始

国家公務員週休二日制に／JR山手線，終日禁煙化／100歳の双子〈きんさん〉〈ぎんさん〉ブーム／CD-ROM等の電子出版普及／〈ほめ殺し〉

平成4年
1992

カンボジアPKOに参加する自衛隊

宮沢喜一内閣

1.10 旧日本軍が占領地の慰安所の設置や「従軍慰安婦」の募集を監督・統制した資料発見，問題化．1.13 政府，旧軍の関与を認める
1.15 欧州共同体（EC），ユーゴスラビアからのスロベニア・クロアチアの独立を承認，民族紛争激化
1.31 大店法（大規模小売店舗法）改正施行．規制緩和で出店競争本格化
2. 1 初の米ロ首脳会談（キャンプ＝デービッド）．敵対から友好へ共同宣言
3. 3 日教組大会，実質的にスト権放棄
3.14 東海道新幹線にビジネス特急〈のぞみ〉登場
5.22 細川護熙前熊本県知事，**日本新党**結成
5.― 『朝日ジャーナル』休刊
6. 3 環境と開発に関する国連会議（**地球サミット**）開幕（～6.14，リオデジャネイロ）．テーマ〈人類共有の持続可能な発展〉
6.15 **PKO協力法**，衆議院本会議で可決，成立．8.10 施行
7. 1 山形新幹線〈つばさ〉運行開始
7. 6 政府，「従軍慰安婦」問題の資料調査結果を公表．初めて旧日本軍の直接関与を認め，韓国・中国・台湾・インドネシアの元慰安婦に謝罪／第18回サミット，ミュンヘンで開催
7.25 第25回バルセロナ＝オリンピック開催（～8.9）
7.26 第16回参院選（初の即日開票，投票率50.72％で史上最低）
8.24 中国・韓国国交樹立．〈一つの中国〉承認．台湾政府，韓国と国交断絶
8.28 政府，景気対策として，過去最大規模の10兆7000億円の財政措置を決定

宮沢喜一内閣

9.12 日本人初の宇宙飛行士毛利衛，米スペースシャトル〈エンデバー〉に搭乗（フロリダ）
9.17 自衛隊PKO派遣部隊第1陣，カンボジアに向けて呉港出発
9.20 共産党中央委員会，野坂参三名誉議長の解任発表
10.20 日本IBM，低価格パソコン（19万8000円）を発売（国産機の3－5割安．薄利多売時代へ．パソコンの普及進む）
10.23 **天皇・皇后，中国初訪問**．晩餐会で「わが国が中国国民に多大の苦難を与えたことは私の深く悲しみとするところ」と述べる
10.30 大蔵省，都銀など21行の不良債権は9月末で12兆3000億円，うち回収不能4兆円と発表
11. 3 民主党クリントン，米大統領に当選
11. 5 東京地裁，東京佐川急便事件公判．'87年竹下政権誕生の際の金丸信・竹下登らの日本皇民党の〈ほめ殺し〉対策への関与が表面化
11.26 衆議院予算委員会，佐川急便事件に関し竹下元首相を証人喚問，11.27 東京地検，金丸信の臨床尋問
12.11 宮沢改造内閣成立．副総理渡辺美智雄，官房長官河野洋平，自民党幹事長梶山静六
12.16 公職選挙法改正公布（衆議院定数9増6減）
12.18 金泳三，韓国大統領に当選．32年ぶりの文民大統領

――― 75

平成5年
1993

〈新党〉ブーム／ゼネコン・地方自治体の汚職相次ぐ／冷害で1933年以来の米凶作，海外から緊急輸入へ／ハンチントン『文明の衝突』をめぐる論争／曙，外国人初の横綱に

Jリーグ・顔にペインティングをして応援

宮沢喜一内閣

- 1. 1 欧州共同体(EC)統合市場発足
- 1. 3 米ロ，START Ⅱに調印
- 2. 4 日銀，公定歩合を0.75％引下げ，2.5％に（過去最低水準に並ぶ）
- 3.27 江沢民，中国国家主席に就任．3.29 憲法修正案を採択（社会主義市場経済への転換を明記）
- 4. 8 国連選挙監視ボランティア中田厚仁，カンボジアで襲撃され死亡．
- 4.23 天皇・皇后，沖縄を訪問（歴代天皇として初めて）
- 5. 4 PKO文民警察官高田晴行，カンボジアで襲撃され死亡
- 5.15 日本プロサッカー・Jリーグ開幕
- 6. 9 皇太子徳仁・小和田雅子結婚の儀
- 6.18 衆議院本会議，宮沢内閣不信任決議案を可決．首相，衆院解散
- 6.21 **新党さきがけ**結成（代表武村正義）
- 6.23 **新生党**結成（前自民党議員44人．党首羽田孜，代表幹事小沢一郎）
- 6.27 東京都議選，日本新党20議席で大躍進，社会党14議席で惨敗
- 7. 7 第19回サミット，東京で開催
- 7.18 第40回総選挙（自民過半数割れ，社会激減，新生・日本新党など躍進．自社両党主導の〈**55年体制崩壊**〉）
- 7.22 宮沢首相，党分裂，総選挙結果の責任をとり退陣を表明
- 7.27 経済白書，バブル経済発生・崩壊に政府の財政・金融緩和政策が一つの素地となったことを認める
- 8. 4 河野官房長官，朝鮮半島出身「従軍慰安婦」への「強制」を認め謝罪
- 8. 6 土井たか子，衆議院議長に選出（社会党・女性初）
- 8. 9 細川護熙・非自民8党派連立内閣成立，自民38年ぶりに政権離脱

細川護熙内閣

- 8.10 細川首相，記者会見で先の戦争は「侵略戦争」と明言．8.23 所信表明演説で「侵略行為や植民地支配」への「反省とおわび」を表明
- 8.17 円高，東京外為市場1ドル＝100円台に突入（戦後最高，100円40銭）
- 8.18 国税庁，地価の大幅下落を公表．路線価平均18.1％の下落
- 9.13 イスラエル首相ラビン・PLO議長アラファト，パレスチナの暫定自治に関する基本協定（オスロ合意）に調印
- 9.17 政府，衆議院の小選挙区比例代表並立制導入，個人あて企業献金禁止，政党への公的助成を柱とする政治改革関連4法案を国会に提出
- 10.11 ロシア大統領エリツィン来日（〜10.13）．シベリア抑留問題で謝罪．ロシア，旧ソ連の対日条約・約束を継承（'56年日ソ共同宣言を含む）
- 11. 1 欧州共同体(EC)マーストリヒト条約（欧州連合条約）発効
- 11. 6 日韓首脳会談（慶州）．細川首相，朝鮮半島の植民地支配を陳謝
- 11.17 米下院，北米自由貿易協定(NAFTA)を承認．米国・カナダ・メキシコ3国が，段階的に関税を撤廃するなどECに匹敵する自由貿易圏を目指す．'94.1.1 発効
- 11.19 **環境基本法**公布
- 12.15 ガットのウルグアイ＝ラウンドの合意により，**米の部分市場開放決定**
- 12.16 田中角栄元首相没（75歳）

国内のパソコン販売台数、ワープロを上回る／新卒大学生〈就職氷河期〉／将棋の羽生善治名人、初の6冠王／〈価格破壊〉

平成6年
1994

関西国際空港

細川護熙内閣

- 1.24 郵便料金値上げ．封書80円，はがき50円
- 1.29 政治改革4法案成立（1.28の細川首相・河野自民党総裁による次期国会での修正を条件とした合意による）．3.4修正案成立．11.21区割り法成立
- 4.8 細川首相，佐川急便グループからの1億円借金問題で予算委員会空転の責任を取り辞意表明
- 4.10 NATO，ボスニア紛争でセルビア人勢力を空爆

羽田孜内閣

- 4.28 羽田孜（新生党党首）内閣成立．社会党は連立を離脱
- 5.6 英仏間の海峡トンネル開通（全長50.5キロ，海底部38キロ）
- 5.10 経企庁，5月で不況は37カ月目，戦後最長と報告
- 6.10 中国，核実験を実施．10.7再実施
- 6.13 北朝鮮，国際原子力機関（IAEA）脱退を表明．核関連施設への査察を拒否．10.18米朝，「枠組み合意文書」に調印
- 6.22 東京外為市場，初めて1ドル=100円を突破
- 6.25 羽田内閣総辞職
- 6.27 長野県松本市で有毒ガス発生（のちサリンと判明）．死者7名，入院52名，被害213名（**松本サリン事件**）
- 6.28 河野自民党総裁，村山社会党委員長と会談，村山首相支持の意向を表明．6.29自社党首会談，**自民・社会・さきがけの連立政権**樹立で合意
- 6.30 村山富市内閣成立．副総理・外相河野洋平，蔵相武村正義，通産相橋本龍太郎，官房長官五十嵐広三

村山富市内閣

- 7.1 **製造物責任（PL）法**公布（20年がかりで6.22成立）．'95.7.1施行
- 7.8 第20回サミット，ナポリで開催．村山首相，米大統領と初の首脳会談．日米安保条約の堅持を表明／北朝鮮主席金日成，急死（82歳）／女性宇宙飛行士向井千秋，米スペースシャトル〈コロンビア〉に搭乗
- 7.16 青森市の三内丸山遺跡から大量の土器出土，国内最大級の縄文遺跡
- 7.20 村山首相，衆院本会議の答弁で自衛隊の合憲を明言，日米安保体制の堅持を確認．7.21〈日の丸〉〈君が代〉の学校での指導容認
- 7.26 経済白書，円高・バブル経済崩壊の後遺症を懸念，規制緩和による構造変革の推進を訴える
- 9.4 関西国際空港開港（成田空港の3倍）
- 10.7 閣議，社会資本整備のため'95～'04年度の10年間の公共投資基本計画を決定．総投資額630兆円に
- 10.8 『ニューヨーク・タイムズ』，CIAが'50～'60年代にかけて，日本の左翼勢力の弱体化を図る目的で，自民党に数百万ドルの資金を援助していたと報道
- 10.13 大江健三郎，ノーベル文学賞受賞決定．10.14文化勲章は辞退
- 11.18 自衛隊法改正公布（在留邦人の救出に自衛隊機を使用）
- 12.10 **新進党**結成大会．共産党を除く野党9党派の衆参国会議員214名参加．党首海部俊樹，代表幹事小沢一郎
- 12.15 国連総会，初めて日本が単独提案した核軍縮決議案を採択．中ロ賛成，米英仏は棄権

平成7年
1995

「戦後50年」で過去の戦争・植民地支配をめぐる論争／阪神淡路大震災で市民ボランティア活躍／野茂英雄、大リーグで活躍／〈官官接待〉／〈マインド＝コントロール〉

阪神淡路大震災で甚大な被害を受けた神戸市内

村山富市内閣

- 1. 1 世界貿易機関（WTO）発足
- 1.17 **阪神淡路大震災**．午前5時46分，M7.2（観測史上初）の直下型地震．34万人が学校・公園などに避難．戦後最大の惨事となる
- 1.30 米スミソニアン博物館，退役軍人等の反対で原爆展の規模を縮小
- 3.20 霞ヶ関を通る地下鉄車内に猛毒ガス・サリンが撒布され，通勤客・駅員など死者11人，約5500人の重軽傷者（**地下鉄サリン事件**）
- 3.22 警視庁など捜査当局，山梨県上九一色村にあるオウム真理教の教団施設など25カ所を一斉捜査．大量の化学薬品を押収．全国で逮捕者400人以上，起訴185人
- 4. 9 東京都知事青島幸男，大阪府知事横山ノック当選（無党派知事誕生）
- 4.19 東京外為市場，1ドル＝79.75円の**戦後最高値**
- 4.26 青島都知事，世界都市博覧会の中止を決断
- 5.16 警視庁，オウム真理教代表麻原彰晃（本名松本智津夫）ら幹部・信者15人を殺人・同未遂容疑で逮捕
- 5.18 衆議院本会議，阪神淡路大震災の復旧・復興と円高対策を柱とする総額2兆7200億円の補正予算可決
- 5.19 地方分権推進法公布
- 6. 5 育児・介護休業法公布
- 6. 9 衆議院本会議，戦後50年国会決議
- 6.13 フランス，南太平洋での核実験再開を公表
- 7.19 「従軍慰安婦」問題に対し，民間から補償金を募る政府認可法人〈女性のためのアジア平和国民基金〉発足

村山富市内閣

- 7.23 第17回参院選（与党3党，改選過半数確保）
- 8. 8 村山改造内閣成立．与党3党首及び橋本通産相留任，官房長官野坂浩賢
- 8.15 戦後50年に当たっての首相談話，「植民地支配と侵略」につきアジア諸国にお詫びを表明
- 8.30 第4回国連世界女性会議のNGOフォーラム開幕（北京）．3万人（日本5000人）参加
- 9. 3 日教組大会，〈日の丸〉〈君が代〉の棚上げ等，路線転換
- 9. 4 沖縄で米海兵隊員3人による女子小学生の拉致・暴行事件発生．10.21事件に抗議して**県民総決起大会**．復帰以来最大規模の8万5000人結集
- 9.14 住宅専門金融会社（住専）8社の不良債権8兆4000億円（大蔵省立入り検査）
- 9.20 政府，景気の低迷に対し〈当面の経済対策〉を発表．総事業費14兆2200億円（公共事業7兆円追加）．経済対策として過去最大
- 9.26 大和銀行ニューヨーク支店，米国債投資で11億ドルの損失発生
- 11.16 韓国最高検，盧泰愚前大統領を30財閥からの収賄容疑で逮捕
- 11.23 米マイクロソフト社製〈ウィンドウズ95〉の日本語版発売
- 12. 3 韓国ソウル地検，全斗煥元大統領を'79年粛軍クーデタに関する反乱首謀容疑で逮捕
- 12.14 政府，オウム真理教に対し，破壊活動防止法に基づく団体規制（解散指定）の適用を決定／ボスニア和平協定調印

金融機関の〈不良債権〉問題化／携帯電話・インターネット，急速に普及／女子高生による売春〈援助交際〉／〈メイクドラマ〉

平成8年
1996

巻原発住民投票

第一次橋本龍太郎内閣

1. 5　村山首相，辞意表明
1.11　橋本龍太郎内閣成立．副総理・蔵相に社会党書記長久保亘，2年5カ月ぶりに自民党からの首相
1.19　社会党大会，社会民主党に党名改称
2. 9　政府，住専処理法案を国会に提出．6.21 公布（焦付き債権6850億円の財政資金投入）
2.10　文部省，いじめによる自殺続出に教育長を集め臨時会議を開催．2.13 省内に〈いじめ問題対策本部〉を設置
2.16　菅直人厚相，**薬害エイズ問題**で，HIV訴訟の原告ら200人と会い，国の法的責任を認め謝罪
3. 5　中国全国人民代表大会（全人代）開幕．李鵬首相，5カ年計画で年平均成長率の目標を8％にすると表明
3. 8　中国人民解放軍，台湾北部基隆沖と南部高雄沖の演習海域で3発のミサイルを発射
3.23　台湾初の直接総統選挙．現総統李登輝（国民党主席）選出
3.29　新王子・本州製紙合併調印（国内トップ）．10.1 王子製紙発足
4. 1　「らい予防法」廃止／東京三菱銀行発足
4.17　橋本首相・クリントン米大統領，極東有事に対し日米安保体制の広域化の安保共同宣言（**安保再定義**）
4.24　東京地裁，オウム真理教代表麻原彰晃被告初公判
5.31　国際サッカー連盟理事会，'02年サッカー・ワールドカップの日本韓国共催を決定
7. 8　国際司法裁判所（ICJ），国連への勧告の意見として「核兵器使用は一般的には国際法に違反」と判断

第一次橋本龍太郎内閣

7.11　公安調査庁，公安審査委員会に破防法適用によるオウム真理教の解散を請求
7.19　第26回アトランタ＝オリンピック開催（～8.4）．100周年記念大会
7. —　大阪府堺市で病原性大腸菌O157による集団食中毒発生
8. 4　新潟県巻町で原発建設計画の是非を問う住民投票実施（全国初）．反対多数により町有地を東北電力に売却しないと表明
9. 8　沖縄県民投票．投票率59.53％．米軍基地の整理・縮小と日米地位協定の見直しに賛成89.09％
9.10　国連総会，包括的核実験禁止条約（CTBT）を採択
9.18　東京地検，薬害エイズ事件で前帝京大学副学長安部英を業務上過失致死罪で起訴．9.19 ミドリ十字の元現の3社長逮捕
9.28　**民主党**結成大会，代表に鳩山由紀夫・菅直人を選出／土井たか子衆議院議長，社民党党首に就任
10.20　第41回総選挙（初の**小選挙区比例代表並立制**，投票率59.65％で戦後最低．自民239，新進156，民主52，共産26，社民15，さきがけ2）
11. 5　クリントン，米大統領に再選
11. 7　第2次橋本自民単独内閣成立（3年3カ月ぶり）．社民・さきがけ両党閣外協力
12.17　ペルーの日本大使公邸（リマ），武装左翼ゲリラに占拠される．約600人監禁．12.20 以降，断続的に解放

平成9年
1997

タイ通貨バーツ暴落からアジア通貨危機に／銀行による中小企業への〈貸し渋り〉／イギリスで世界初のクローン羊誕生

ペルー日本大使公邸から救出される人質

第二次橋本内閣

- 2.19 中国最高実力者鄧小平没（92歳）
- 3. 6 野村証券，総会屋への利益提供を認める．事件はこの後，山一・大和・日興の大手証券，第一勧銀へ広がる
- 4. 1 消費税率5％へ引上げ
- 4.22 リマの日本大使公邸人質事件でペルー軍特殊部隊が突入，ゲリラ14人全員射殺
- 4.25 大蔵省，経営不振の日産生命に業務停止命令．生保初の破綻
- 5. 1 英国総選挙．18年ぶりに労働党勝利，首相トニー＝ブレア
- 5. 8 アイヌ新法成立．北海道旧土人保護法廃止
- 6. 1 仏総選挙．社共中心の左翼勢力が勝利，ジョスパン保革共存政権誕生
- 6.13 証券取引審議会・金融制度調査会・保険審議会，金融制度の抜本的改革〈日本版ビッグバン〉を最終答申
- 6.17 **臓器移植法**成立．10.16 施行
- 6.18 独占禁止法改正公布．持ち株会社の設立を原則自由化／男女雇用機会均等法改正・労働基準法改正公布
- 6.20 第23回サミット，デンバーで開催．ロシア大統領エリツィン初出席
- 6.28 兵庫県警，神戸連続児童殺傷事件で14歳の少年を逮捕
- 7. 1 香港，英国から中国に返還（155年の植民地統治に幕）
- 7. 4 東海興業，会社更生法適用申請．上場ゼネコン初の倒産
- 8.29 最高裁，第3次家永訴訟に判決，検定制度は合憲，4カ所の記述削除は違憲とし国に40万円の賠償命令．32年にわたる家永訴訟終わる
- 9.11 第2次橋本改造内閣成立

第二次橋本内閣

- 9.12 中国共産党第15回全国代表大会．江沢民総書記，改革開放路線の〈鄧小平理論〉を党規約に
- 9.18 ヤオハンジャパン，会社更生法適用申請し倒産．上場スーパー初
- 9.23 日米政府，有事を想定した日米防衛指針（**新ガイドライン**）を決定
- 10. 8 北朝鮮，金正日記の労働党総書記就任を発表（金日成主席死後3年3カ月空席）
- 10.27 米ダウ工業平均株価，554ドル安の7161ドル，史上最大の下げ幅，世界同時株安が加速
- 11. 3 三洋証券，会社更生法の適用申請し倒産．負債総額3736億円
- 11.17 北海道拓殖銀行，初の都市銀行経営破綻．日銀，特別融資（無担保無制限）実施．公表不良債権9349億円
- 11.24 山一証券，大蔵省に自主廃業を申請．負債総額3兆5100億円，金融システム不安拡大
- 12. 1 地球温暖化防止京都会議．12.11 温室効果ガス削減目標を盛り込んだ〈京都議定書〉採択
- 12. 2 小渕外相，対人地雷全面禁止オタワ会議でオタワ条約に賛成署名
- 12.17 **介護保険法**公布．'00.4.1 施行
- 12.18 韓国大統領選挙，**金大中が当選**．韓国史上初の与野党政権交代．12.23 ソウル外為市場，株式市場急落．12.25 IMF・日米など主要7カ国，100億ドルの融資を決定
- 12.24 自民党の緊急金融システム安定化対策本部，30兆円の公的資金準備による支援策を発表

ホームレス急増／〈環境ホルモン〉が社会問題化／サッカー・ワールドカップフランス大会に日本初出場／〈キレる〉

平成10年
1998

初来日の江中国主席と小渕首相

第二次橋本内閣

- 1.12 大蔵省，銀行146行の自己査定不良債権総額（'97.9末）は76兆円，貸出総額の12.6%と発表
- 1.26 大蔵省金融証券検査官2名が都銀からの収賄容疑で逮捕．1.28 三塚蔵相辞任
- 2. 7 第18回長野=冬季オリンピック大会開幕（～2.22）
- 2.19 新井将敬衆議院議員（自民党），逮捕請求許諾議決直前に自殺．日興証券への不正利益要求で事情聴取中
- 3.11 日銀営業局証券課長，銀行からの収賄容疑で逮捕．松下康雄日銀総裁，辞任．3.20 後任に速水優
- 3.17 朱鎔基，中国首相に選出
- 4. 5 明石海峡大橋開通（本四連絡橋神戸—鳴門ルート全線開通）
- 4.10 北アイルランド紛争平和交渉合意．30年来の流血紛争に和解
- 4.27 新・民主党結党大会（衆参両院131名）．代表菅直人，幹事長羽田孜
- 4.28 閣議，新ガイドラインに伴う**周辺事態法案**など関連3法案を決定
- 5. 2 欧州連合（EU）首脳会議，'99年1月の**単一通貨〈ユーロ〉**への統合を決定（11ヵ国，2億9000万人が参加）
- 5.11 インド，24年ぶりに地下核実験実施，核保有国宣言．5.28 パキスタン，インドに対抗して初の地下核実験実施
- 5.21 インドネシア大統領スハルト辞任．32年に及ぶスハルト体制に幕
- 6.11 日中両共産党，関係修復交渉成る．7.21 不破哲三委員長，北京で江沢民国家主席と会談
- 6.22 **金融監督庁**発足．大蔵省の金融検査・監督部門が独立

第二次橋本内閣／小渕恵三内閣

- 6.25 クリントン米大統領訪中．天安門事件以来9年ぶり，江沢民主席と会談
- 7.12 第18回参院選（自民惨敗，民主・共産が躍進，橋本首相辞意表明）
- 7.24 自民党総裁選挙，小渕恵三選出
- 7.25 和歌山市園部地区の夏祭りでカレーに青酸化合物混入，4人死亡
- 7.30 小渕恵三内閣成立
- 8.17 クリントン大統領，ホワイトハウス実習生との不倫疑惑を認める
- 8.31 北朝鮮，弾道ミサイルを発射．日本上空を越えて三陸沖に着弾，北朝鮮は人工衛星と発表
- 9.27 ドイツ連邦議会総選挙．コール首相のキリスト教民主・社会同盟敗北．10.27 シュレーダー政権（社会民主党と緑の党連立）誕生
- 10. 7 **金大中韓国大統領来日**．10.8 未来志向の日韓共同宣言
- 10.12 金融再生関連法成立．12.15 金融再生委員会発足
- 10.23 日本長期信用銀行，債務超過で金融再生法に基づく一時国有化を申請．46年の歴史終わる
- 11. 7 新・公明党結党大会，新党平和（衆議院）・公明（参議院）が合流，代表神崎武法
- 11.15 沖縄県知事選，稲嶺恵一（自民系）が大田昌秀（革新）の3選を阻む
- 11.25 **江沢民中国主席来日**（初の元首の公式訪問）．11.26 日中首脳会談
- 12. 1 特定非営利活動促進法（**NPO法**）施行
- 12.12 政府，債務超過の日本債券信用銀行を一時国有化

平成11年
1999

世界人口60億人突破／不況・リストラによる中高年の自殺急増／コンピュータ〈2000年問題〉／ロボット犬〈アイボ〉／旧東欧3カ国がNATOに加盟

携帯電話，〈iモード〉

小渕恵三内閣

- 1. 7 自民・自由両党，国連平和維持軍（PKF）参加を合意
- 1.14 自由党幹事長野田毅，自治相として入閣．自自連立内閣となる
- 2.22 NTTドコモ，携帯電話でインターネットに接続する〈iモード〉発売
- 3. 1 **対人地雷全面禁止条約**発効
- 3.12 金融再生委員会，大手銀行15行に総額約7兆5000億円の公的資金投入を承認
- 3.16 ニューヨーク株式市場，ダウ工業株平均株価1万ドルを超える（史上初）
- 3.24 NATO軍，ユーゴスラビア・コソボ自治州のアルバニア系住民の独立紛争で国連安保理決議なしに空爆（**コソボ紛争**）．6.10 停戦成立
- 4. 1 整理回収機構（RCC）発足（社長中坊公平）
- 4.11 東京都知事選で石原慎太郎当選，大阪府知事選で横山ノック再選
- 5. 7 **情報公開法**成立．中央省庁の行政文書の原則公開を義務付ける
- 5.24 周辺事態法等の**新ガイドライン3法**成立．日米安保体制新段階へ
- 6.23 **男女共同参画社会基本法**公布
- 7.16 農業基本法に代わり食料・農業・農村基本法公布
- 7.29 衆参両院に**憲法調査会**を置く改正国会法成立．'00.2 設置
- 8. 9 **国旗・国歌法**成立．〈日の丸〉〈君が代〉法制化
- 8.12 通信傍受法，組織犯罪処罰法，改正刑事訴訟法の組織的犯罪対策3法と改正住民基本台帳法成立
- 8.13 改正外国人登録法成立．在日外国人**指紋押捺義務を全廃**

小渕恵三内閣

- 8.20 第一勧業・富士・日本興業銀行，'02年春をめどに統合決定と発表．総資産140兆円は世界最大（みずほフィナンシャルグループ）
- 8.30 インドネシア，東ティモールの独立を問う住民投票で独立支持78.5％．残留派との内紛激化に国連が多国籍軍派遣．10.20 東ティモール，インドネシアから分離．'02.5.19 独立
- 9.28 金融再生委員会，一時国有化の長銀を米投資会社リップルウッドへ譲渡を決定（'00.6 新生銀行に）
- 9.30 茨城県**東海村**の民間核燃料加工会社JCOの施設で**臨界事故**．作業員ら100人が被曝，付近住民31万人に避難勧告，のち社員2名死亡
- 10. 1 国際協力銀行，日本政策投資銀行，国民生活金融公庫発足／〈金融ビッグバン〉の一環として株式売買委託手数料完全自由化，銀行の証券子会社の株式関連業務全面解禁
- 10. 4 **自自公3党**，**連立政権**で合意
- 10. 5 小渕恵三連立内閣成立．自由・公明から各1名入閣
- 11.19 政府，国連難民高等弁務官事務所（UNHCR）の要請で東ティモール避難民支援のため自衛隊輸送部隊の派遣を決定
- 12. 1 改正労働者派遣法施行．派遣対象業務を原則自由化
- 12.14 民事再生法成立．和議法に代わる再建型倒産処理手続きを定める．'00.4.1 施行
- 12.20 中国，ポルトガル領マカオを回収
- 12.31 エリツィン・ロシア大統領辞任．プーチン首相，大統領代行に就任

警察不祥事多発，警察不信たかまる／〈IT革命〉／医療ミスによる死亡事故多発／『ハリー・ポッター』ブーム／〈パラサイト・シングル〉

平成12年
2000

三宅島の雄山噴火

小渕恵三内閣

1.27 商工ローン大手の日栄，脅迫まがいの悪質取り立てで業務停止命令
2. 6 大阪府知事選，太田房江が当選．初の女性知事誕生
2.24 金融再生委員会，日本債券信用銀行をソフトバンクなどの3社連合へ譲渡内定（'01.1 あおぞら銀行に）
3.18 台湾総統選挙，最大野党民主進歩党の陳水扁が当選．初の政権交代
3.26 プーチン・ロシア大統領代行兼首相，大統領選挙で圧勝
4. 1 **介護保険**制度スタート／地方分権一括法施行／保守党結成，党首扇千景
4. 2 小渕首相，脳梗塞で緊急入院．4.4 早期回復困難で小渕内閣総辞職．5.14 没（62歳）

第一次森喜朗内閣

4. 5 自民党，森喜朗を総裁に選出．自公保3党連立の森内閣成立
4. 6 3月末の**携帯電話**台数，5000万台を超え固定電話を抜く
5. 1 第一火災海上，損失隠しで事業継続を断念．損保戦後初の破綻
5.14 森首相，「日本は天皇を中心とする神の国」と発言
5.24 ストーカー規制法公布
6.13 金大中韓国大統領，北朝鮮を訪問．6.14 統一問題の自主解決など**南北共同宣言**に両首脳が署名．10.13 金大統領，ノーベル平和賞受賞決定
6.16 皇太后良子（香淳皇后）没（97歳）
6.25 第42回総選挙（与党後退するも絶対安定多数確保，民主躍進）
7. 1 金融庁発足．金融監督庁と大蔵省金融企画局を統合
7. 2 雪印乳業大阪工場の乳製品で1万人を超える集団食中毒発生．7.6 社長辞任

第二次森内閣

7. 4 第2次森内閣発足
7. 5 三和・東海・東洋信託銀行，'01年4月の経営統合を発表（UFJグループ）
7. 8 **三宅島の雄山噴火**．9.1 東京都，全島避難を決定
7.12 そごうグループ，民事再生法の適用を申請．負債総額1兆8700億円
7.21 第26回サミット，沖縄県名護市で開催
9.15 第27回シドニー＝オリンピック開催（～10.1）
10.10 白川英樹，ノーベル化学賞受賞決定／大蔵省，国の財政の貸借対照表を初めて公表，債務超過776兆円
10.15 長野県知事選で作家田中康夫が当選
10.23 米オルブライト国務長官，現役閣僚として初の訪朝，金総書記と会談
11. 4 宮城県上高森遺跡などの旧石器捏造が発覚，教科書修正へ発展
11. 7 **米大統領選挙**，共和党ブッシュ候補と民主党ゴア候補がフロリダ州で大接戦，集計をめぐり法廷闘争へ．12.13 連邦最高裁判決で**ブッシュ勝利確定**
11.29 花岡事件，東京高裁で和解成立．鹿島，5億円の被害者救済基金設立
12. 8 少年法改正施行．刑罰対象年齢を16歳から14歳に引下げ
12.22 教育改革国民会議（首相の私的諮問機関），教育基本法の見直しを提言
12.24 '01年度予算案閣議決定．国債依存度34.3％，年度末国債・地方債残高666兆円

平成13年
2001

小泉ブーム／インターネット，ブロードバンド化急速に進む／イチロー，米ア・リーグMVPに／〈抵抗勢力〉／〈スローフード〉

ハンセン病療養所の入所者に謝罪する坂口厚生労働相

第二次森内閣

1. 6 **中央省庁再編成**（内閣府・厚生労働省・文部科学省・財務省・国土交通省など1府12省庁体制に）
2. 9 ハワイ沖で愛媛県宇和島水産高実習船「えひめ丸」が米原潜と衝突沈没．8人死亡1人行方不明
2.20 田中長野県知事，ダム建設中止を表明（脱ダム宣言）
3.28 米国，地球温暖化防止の〈京都議定書〉不支持を表明
4. 1 **情報公開法**施行
4. 3 教科書検定，「新しい歴史教科書をつくる会」の中学「歴史」「公民」教科書が合格
4. 6 DV防止法（配偶者からの暴力防止・被害者保護法）成立．10.13施行
4.24 自民党総裁選挙で小泉純一郎が圧勝，幹事長に山崎拓

第一次小泉純一郎内閣

4.26 小泉内閣成立．公明・保守党との3党連立，外相に田中真紀子
5.11 熊本地裁，**ハンセン病国家賠償請求訴訟**で国の違憲性を認め賠償金支払いを命じる．5.23 政府，控訴を断念
6. 8 大阪教育大附属池田小学校に男が乱入，包丁で児童8人を刺殺
7.20 第27回サミット，ジェノバで開催
7.29 第19回参院選（非拘束名簿式を導入．自民，小泉人気に乗り大勝）
8.13 小泉首相，靖国神社へ参拝．'96年の橋本首相以来
9. 1 新宿歌舞伎町で雑居ビル火災，44人死亡
9.11 米国で4機の旅客機がハイジャックされ2機はニューヨークの世界貿易センター（2棟とも崩壊），1機はワシントンの国防総省へ突入，1機はピッツバーグ近郊へ墜落（**9.11同時多発テロ**）．9.14 米上下両院，大統領のテロへの報復措置権限を承認
9.12 米同時多発テロの影響で日経平均株価終値は9610円10銭と17年ぶりに1万円割れ
9.15 ブッシュ米大統領，同時多発テロの主犯をオサマ＝ビンラディンと断定
9.19 政府，米軍の反テロ行動支援を決定．自衛隊の米軍支援や自衛艦派遣（医療，輸送・補給，情報収集など）
9.22 千葉県で日本初のBSE（牛海綿状脳症）感染を確認
10. 7 米，ビンラディンらのアルカイダとタリバンに対する軍事行動開始，**アフガニスタンを空爆**
10.10 野依良治，ノーベル化学賞受賞決定
10.29 自衛隊の米軍後方支援を可能にする「テロ対策特別措置法案」など**テロ3法案**，参議院で可決成立
11.10 世界貿易機関（WTO），中国加盟を承認
11.13 田中外相，外務省の2億円余の裏金作りの調査を発表，328人を処分／アフガニスタンの反タリバン勢力北部同盟，首都カブールを制圧
11.28 米国格付け会社，日本国債を主要7カ国中最低に格下げ
12. 1 皇太子妃雅子，女児敬宮愛子を出産
12. 2 米エネルギー大手企業エンロン，破産．負債総額約131億ドル
12.22 海上保安庁巡視船，奄美大島北西で停船命令の無視を理由に不審船と交戦．不審船は沈没

〈ペイオフ〉一部解禁／ゆとり教育による〈学力低下〉問題化／デジタルカメラの出荷台数，フィルムカメラを逆転／東京電力，原発のトラブル隠し／〈デフレ不況〉

平成14年
2002

サッカー・ワールドカップ日本－トルコ戦(宮城スタジアム)

第一次小泉純一郎内閣

- 1.20 アフガニスタン復興支援会議，東京で開催．45億ドルの援助など決定
- 1.23 雪印食品，輸入牛肉を国産と偽装，BSE発生による国の買取制度を悪用．2.22 会社解散を決める．8.6 日本ハム子会社でも偽装が発覚
- 1.29 ブッシュ米大統領，北朝鮮・イラク・イランを「**悪の枢軸**」と一般教書演説で非難
- 3. 4 鈴木宗男衆議院議員，北方4島支援業者選定に関与の疑惑，自民党離党．6.12 斡旋収賄罪で逮捕
- 3.12 辻元清美社民党衆議院議員，秘書給与の詐取疑惑の責任をとり議員辞職
- 3.18 加藤紘一衆議院議員，秘書の脱税容疑逮捕で自民党離党．4.9 議員辞職
- 4.16 政府，武力攻撃事態法案など有事法制関連3法案の提出を決定
- 4.21 小泉首相，靖国神社へ繰り上げ参拝
- 5. 3 朝日新聞阪神支局襲撃事件('87年)，時効成立
- 5.13 トヨタ自動車の経常利益，日本企業で初の1兆円突破
- 5.24 大手銀行'02年3月期末の不良債権残高，過去最高の26兆7814億円
- 5.28 経団連と日経連を統合した「日本経団連」発足．初代会長に奥田碩
- 5.31 第17回**サッカー・ワールドカップ日韓大会**，ソウルで開幕．6.30 横浜で閉幕
- 6.21 政府，「道路関係4公団民営化推進委員会」の委員に今井敬，猪瀬直樹ら7名を指名
- 6.26 第28回サミット，カナナスキス(カナダ)で開催
- 7.21 米第2位の通信会社ワールドコム，粉飾決算が発覚し破産，負債総額410億ドルで米史上最大級

第一次小泉純一郎内閣

- 8. 5 住民基本台帳ネットワークシステム(住基ネット)スタート．'03.8.25 本格稼働
- 8. 9 田中真紀子衆議院議員，公設秘書給与流用疑惑の責任をとり辞職
- 8.27 東京地裁，中国人提訴の旧日本軍731部隊・細菌戦損害補償裁判判決で細菌戦を初認定，賠償要求は棄却
- 9. 1 田中康夫，県議会の不信任決議を受けた長野県知事出直し選挙で再選
- 9.10 スイス，国連に190番目の加盟
- 9.17 **小泉首相，初の訪朝**で金正日総書記と会談．日本は植民地支配を謝罪，北朝鮮は日本人拉致を認め謝罪．国交正常化交渉再開で一致し「**日朝平壌宣言**」に調印
- 9.20 **米国**，「米国安全保障戦略」発表，国際テロには**先制攻撃**も辞さず
- 10. 8 小柴昌俊，ノーベル物理学賞，田中耕一(島津製作所)，ノーベル化学賞受賞決定
- 10.15 北朝鮮に拉致された5人の日本人，帰国し家族と再会
- 10.23 チェチェン共和国武装グループ，モスクワの劇場を占拠．10.26 制圧，40人余射殺，人質の犠牲者128人
- 11. 8 国連安保理，イラクの大量破壊兵器査察の完全実施を求める決議を採択．11.13 イラク受諾．大量破壊兵器査察，4年ぶりに再開
- 11.29 日銀，銀行保有株の買い取りを開始
- 12.16 海上自衛隊，米英軍後方支援のためイージス艦を派遣．対米支援では初
- 12.19 盧武鉉，韓国大統領に当選

平成15年
2003

小泉首相，米のイラク戦争を支持．仏独ロなど不支持／自衛隊，初の戦地派遣／道路公団民営化，迷走／松井秀喜，大リーグで活躍／〈マニフェスト〉選挙

自衛隊イラク派遣・空自編成完結式

第一次小泉純一郎内閣

- 1.10 北朝鮮，核不拡散条約脱退を宣言
- 2.15 世界約60カ国，600以上の都市で，**イラク戦争反対の平和デモ**，1000万人以上が参加
- 2.18 韓国・大邱市で放火による地下鉄火災．192人死亡／北京で，脱北者4人が日本人学校に駆込み
- 3.11 国際刑事裁判所（ICC）発足（ハーグ）
- 3.20 **イラク戦争開始**．4.9 米英軍，バグダッド制圧，フセイン体制崩壊．5.1 ブッシュ大統領，戦闘終結宣言
- 3.23 宮崎駿監督の『千と千尋の神隠し』，アカデミー賞受賞
- 3.— 中国広東省，香港などで**SARS**（重症急性呼吸器症候群）集団発生．7月の終息までに死者774人
- 4.13 統一地方選（前半），石原慎太郎東京都知事に再選
- 4.28 日経平均株価終値，7607円88銭に下落（バブル崩壊後の最安値）
- 4.30 米・EU・国連・ロシア，パレスチナ新和平案「ロードマップ」発表
- 5.8 産業再生機構，業務開始
- 5.17 りそなグループに公的資金約2兆円投入
- 5.19 国立歴史民俗博物館，弥生時代の始まりを通説より500年早い紀元前1000年ごろとする新説を発表
- 5.23 **個人情報保護法**成立
- 6.1 第29回サミット，エビアンで開催．中国の胡錦濤国家主席が出席
- 6.6 **有事法制関連3法**成立
- 6.21 日本共産党，天皇制廃止の要求を削除し，自衛隊の存続を容認する党綱領改定案を公表
- 7.13 イラク統治評議会発足

第一次小泉純一郎内閣

- 7.22 米軍，フセイン元大統領の長男ウダイ，次男クサイを射殺
- 7.26 **イラク復興支援特別措置法**成立．「非戦闘地域」への自衛隊派遣が可能となる
- 8.19 バグダッドのイラク国連事務所で爆弾テロ．デメロ代表ら死者24人
- 8.27 北朝鮮の核問題などをめぐり，初の**6カ国協議**（北朝鮮，米中韓ロ日）
- 9.15 阪神タイガース，18年ぶりにセ・リーグ優勝
- 9.20 自民党総裁選，小泉首相が再選
- 9.22 小泉改造内閣成立
- 9.24 **民主・自由党，合併合意**
- 10.10 日本産のトキ絶滅（新潟佐渡島）
- 10.15 中国，初の有人宇宙船〈神舟5号〉の打上げに成功
- 11.9 第43回総選挙（自・公両党10減の237，民主137から177へ大幅増，共産・社民惨敗，保守新党は解党し，自民に合流）
- 11.15 土井たか子社民党党首辞任，後任に福島瑞穂幹事長

第二次小泉内閣

- 11.19 第2次小泉内閣成立
- 11.29 日本人外交官2名とイラク人運転手，イラク北部で殺害される／足利銀行，一時国有化（地銀では初）
- 12.1 テレビ地上デジタル放送開始
- 12.9 政府，自衛隊イラク派遣の基本計画を決定
- 12.13 イラク駐留米軍，イラク・ティクリート近郊で**フセイン元大統領を拘束**
- 12.19 リビア，大量破壊兵器の廃棄表明
- 12.23 米でBSEの牛発見．12.24 日本政府，**米国産牛肉の輸入を停止**
- 12.26 イランで大地震，死者約4万人

図2　産業別就業者数

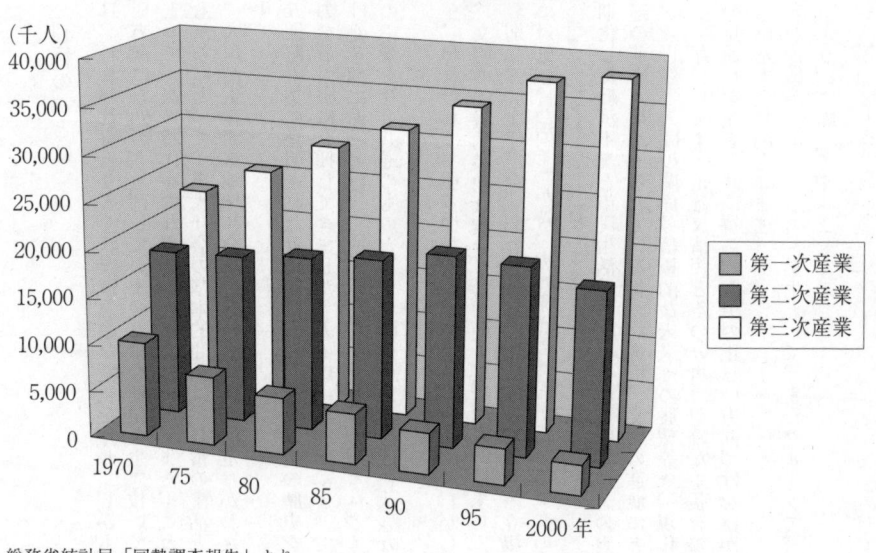

総務省統計局「国勢調査報告」より

図3　世帯におけるパソコン保有率及びインターネット利用率

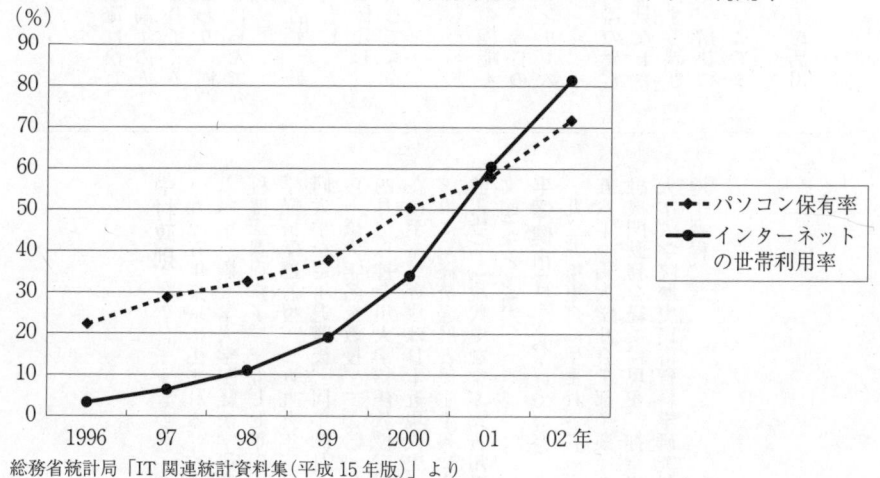

総務省統計局「IT関連統計資料集(平成15年版)」より

刊行のことば

今日、われわれをとりまく状況は急激な変化を重ね、しかも時代の潮流は決して良い方向にむかおうとはしていません。今世紀を生き抜いてきた中・高年の人々にとって、次の時代をになう若い人々にとって、また、これから生まれてくる子どもたちにとって、現代社会の基本的問題は、日常の生活と深くかかわり、同時に、人類が生存する地球社会そのものの命運を決定しかねない要因をはらんでいます。

十五世紀中葉に発明された近代印刷術は、それ以後の歴史を通じて「活字」が持つ力を最大限に発揮してきました。人々は「活字」によって文化を共有し、とりわけ変革期にあっては、「活字」は一つの社会的力となって、情報を伝達し、人々の主張を社会共通のものとし、各時代の思想形成に大きな役割を果たしてきました。

現在、われわれは多種多様な情報を享受しています。しかし、それにもかかわらず、文明の危機的様相は深まり、「活字」が歴史的に果たしてきた本来の機能もまた衰弱しています。今、われわれは「出版」を業とする立場に立って、今日の課題に対処し、「活字」が持つ力の原点にたちかえって、この小冊子のシリーズ「岩波ブックレット」を刊行します。

長期化した経済不況と市民生活、教育の場の荒廃と理念の喪失、核兵器の異常な発達の前に人類が迫られている新たな選択、文明の進展にともなって見なおされるべき自然と人間の関係、積極的な未来への展望等々、現代人が当面する課題は数多く存在します。正確な情報とその分析、明確な主張を端的に伝え、解決のための見通しを読者と共に持ち、歴史の正しい方向づけをはかることを、このシリーズは基本の目的とします。

読者の皆様が、市民として、学生として、またグループで、この小冊子を活用されるように、願ってやみません。

中村政則(なかむら・まさのり)　一九三五年東京に生まれる。一九六六年一橋大学大学院経済学研究科博士課程修了。一九七七年同大学経済学部教授、一九九九年三月同大学を定年退職後、同年四月から一橋大学名誉教授。二〇〇一年四月から神奈川大学特任教授、現在に至る。専攻は日本近現代史。著書に『経済発展と民主主義』(岩波書店)、『現代史を学ぶ』(吉川弘文館)など多数。

半澤健市(はんざわ・けんいち)　一九三五年東京に生まれる。一九五八年一橋大学社会学部卒業。金融機関勤務を経て、現在、神奈川大学大学院歴史民俗資料学研究科博士課程。